養成課程では学べなかった

# 心理職の仕事

医療分野で働く
先輩たちが伝えたい
大切なこと

大阪府臨床心理士会
医療保健部会［編］



創元社

# はじめに

「現場の仕事」について、（ちょっとだけ）先輩が本気出して考えてみた

本書を手にとってくださり、本当にありがとうございます。

私たちは大阪府臨床心理士会医療保健部会に所属する心理職です。10年ほど前から、新人心理職に対して新人研修会を実施しております。その目的はいくつかあるのですが、大きな目的は卒後教育とOJT（On-the-Job Training: 職務内研修）を補うことでした。公認心理師・臨床心理士の養成課程（大学・大学院）では、主にケースを扱うために必要な知識や技術（テクニカルスキル）の習得を目指しますが、臨床に出るとそれだけでは対応できない様々な場面に多く遭遇します。臨床における作法や社会人基礎力（ノンテクニカルスキル）、自らのキャリアデザインや研修での情報発信（応用的スキル）など、様々なスキルが求められます。

医療に限らず、心理職は一人勤務や非常勤での勤務が少なくなく、新人の心理職が現場に入った場合、実践的な指導を受ける機会が少ないという業界的な課題があります。近年では臨床場面で、多職種から構成される「チーム医療」「チーム学校」など、チームアプローチの推進が求められていますが、養成課程ではその必要性が強調されるようになったものの、実際にどのように連携するのかは臨床での自己研鑽やOJTに委ねられているのが現状です。新人心理職が早くも臨床実践を求められるという現状を考慮し、当会が卒後教育の一環として新人研修会を企画しました。

お陰様で毎年、多くの新人心理職の方々が受講してくださっています。本書はその新人研修会の紙面版ということになります。実際の研修会では、前半は講義形式、後半はQ&A形式で、現場の様々な困りごとをみんなで考えるという時間を持ちました。その中では、現場で求められるコツやノウハウだけでなく、「先輩の失敗談」「ここだけの話」を披露していました。また、新人の皆さんの失敗や課題をノーマライズし、「月曜日からの勤務が怖くないように⁉」することも目的としていました。残念ながら、紙面という性質上、失敗談やここだけの話をそのまま掲載することはできませんでしたが、できるかぎり、研修会の雰囲気をそのまま伝えることができるよう心がけ、研修会で実際に行わ

れた質疑応答を紙面に再現しました。また、研修会では現場の困りごとや課題だけでなく、私たち心理職のキャリアデザインについても触れています。本書でも臨床に埋没しないためにキャリアについても考える機会を提供し、「今だけでなく、明日も考える」機会にしてもらいたいと考えております。

本書は現場で働く心理職にとって役立つ知識やスキルを共有することを目的にそれぞれの章が構成されていますが、実際はどの章から読み始めて、どんなふうに読んでもかまいません。気軽につまみ読みをして、気軽に立ち去るでも大丈夫です。もちろん、戻ってきてくれると私たちは嬉しいのですが、そういう読み方でかまわないです。また、本書は新人心理職の皆様だけではなく、新人を指導する中堅心理職、学生を指導する実習担当の方々にもお役立ていただけるのではないかと考えております。また、将来、心理職を目指す、大学生、大学院生の方々、くわえて、医療以外の教育・福祉・産業でもお役立ていただけると考えています。

医療は心理職の中では、比較的歴史のある領域です。昭和の時代から精神科、心療内科、小児科などでは臨床心理学的知見や支援法が活かされてきました。現在、私（川端）は総合病院の心理職として勤務していますが、私たちの専門性が多くの科で強く求められるようになっていることを実感しております。最近では外科、麻酔科、代謝内科、救命救急科などからもお声がかかるようになり、カンファレンスに参加し、心理学的知見を伝えたり、実際に心理的支援を用いたりしています。なので、私たち心理職の前には広くて大きな「ブルーオーシャン」が広がっている、古くて新しい領域でもあるといえます。

さぁ、私たちが持っている臨床心理学の知見や支援法を多くの患者さんやそのご家族に一緒に提供していきましょう。私たちの専門性を求めている方々はたくさんいらっしゃいます。皆さんがその「ブルーオーシャン」へと漕ぎ出す際に、本書をかたわらにおいていただけると幸いです。

執筆者を代表して

川端康雄・上島奈菜子・藤田雄・花輪祐司・吉川征延

目　次

## Ⅲ　応用的スキル



似顔絵制作：nana

# I　ノンテクニカルスキル

# 第1章

# 「はたらく」　心理職の仕事

川端康雄　　吉川征延

全国の心理職の皆さん、お元気でしょうか。本章を担当する川端です。大学卒業後、医療分野で働き続け、早いもので二十数年となります。卒業後10年ほど精神科病院に勤務し、主に統合失調症の方々への心理的支援（以下、支援）を行い、その後、現在の職場である総合病院精神科で十数年勤務しております。

本務以外の活動では大阪府臨床心理士会で医療機関に勤務する新人向けの研修会の企画·運営に携わってきました。「月曜日はもう怖くない！」というフレーズで10年近く実施しています。私たちの研修会では学会では聞けない、先輩たちの臨床の裏技や多職種連携のための~~ちょっぴり小賢しい~~テクニックなどを披露しながら困り事について一緒に知恵を絞って解決法を考えてきました。

私たちが実感したことは、現場の困りごとの多くは養成課程で教わった知識や技術だけでは解決が難しいということでした。本章で扱う内容は臨床でご活躍されている方からしたら、「何を今さら…」な内容かもしれません。しかし、本章と第２章に書かれている内容は心理臨床の「一丁目一番地」であり、臨床業務を続ける上では大切なことと私たちは考えております。

## 1　「心理職の仕事」とは？

### （1）大学や大学院で教わっていないこと

私たちは心理的アセスメント（以下、アセスメント）や支援を行うのが仕事です。大学や大学院でもそのように教えられ、現場で提供しています。しかし、それだけで臨床で動けるといえるでしょうか。この章で扱いたいのはもっと基本的なことです。養成課程で学んだ技法や知識を枝葉のように伸ばし、最終的に花を咲かせ、実をつけるための土壌を作る「臨床力」と「臨床の知」について考えたいと思います。「臨床の知」（中村、1992）はあまり聞き馴染みがないかもしれませんが、自然科学をはじめとする「科学の知」が排除してきた個別性や複雑性を重視するアプローチのことをいいます。ただ、偉そうなことを言っていますが、私もこれらの存在に気づくまでに時間がかかり、大変苦労しました…。

### （2）「名もなき心理職の仕事」

『仕事2.0』という書籍が少し前に話題になりました。簡単に言うと従来型の働き方を「仕事1.0」としたら、新しい働き方を「2.0」とし、働き方や価値観をシフトする必要性があると論じている本です。当初、それに倣い、現場目線の「仕事2.0」として整理していたのですが、単純なアップデートではないと思うようになりました。この章で扱うのは「仕事0.0」のような仕事です。

「名もなき家事」ってご存知ですか。料理、掃除など、名称のある家事に対して「消耗品の替え」「食事の献立を考える」から「裏返しの衣類･丸まった靴下をひっくり返す作業」まで家事はたくさんあります。この名付けにより、世の主婦･主夫たちのモヤモヤが言語化され、多くの共感を得ました。

私たちの仕事も同じことが言えるかもしれません。インテーク面接、カウンセリングなど、名称のある業務だけではない、「名もなき心理職の仕事」が存在します。「ケースを安全にマネージするためのチーム内情報共有」「高価な心理テストを購入してもらうため、事務長に許可を得る」「心理職を採用したいので、理事長や上長にその理由を添えた上申書を作成する」など、挙げだすとキリがありません。ただ、「名もなき家事」は一人完結型が多いのに対して、「名もなき心理職の仕事」は関係性要素が多く含まれます。どの業界でも大切なので、あまり強調されていませんが、人間関係や心を扱う「心理職の仕事」を円滑に進めるには、事前に人間関係の下ごしらえをしておくことが「臨床力」を高める上で大切です。本章では「名もなき心理職の仕事」について光を当て、私たちの「仕事」を再整理することを目的としたいと思います。

## ２ 心理職の「あるある」を考える

### （１）「あるある」事例から仕事を再整理する

あらためて私たちの「心理職の仕事」ってなんでしょう。さきほど、私は個別性や複雑性を排除しない「臨床の知」「臨床力」「名もなき心理職の仕事」についてお話をしました。この節では「あるある」事例を紹介しながら、私たちの仕事について再整理してみたいと思います。

### （２）ある心理職の「あるある」――「居場所」「役割」「仲間」がない

ある新人の話を聞いてください。ある新人といってもかつての私のことです。私という事例を使って「心理職の仕事」の複雑性や特殊性について光を当てて考えてみたいと思います。すこしお付き合いください。

私の新人時代は失敗と無力感の連続でした。まず、私の失敗は大学院入試に落ちることから始まりました…しかし、この道を諦めきれず、とある地方の精神科病院の常勤職として就職します。大学院入試に落ちるくらいですから、専門知識もスキルもあまりない、ほぼ素人の状態です。私が勤務した病院は心理職一人で先輩もいない、居るのは私のみという環境でした。「知らない」、「わからない」、「教えてもらえない」という、「ないない尽くし」の状態です。

病院であればどこも同じですが、医師は薬を処方し、薬剤師が調剤し、調剤された薬は看護師が管理します。非常に役割が明確です。また、その病院では作業療法（以下、OT）が実施され、多くの患者さんが参加していました。一方、私は明確な業務がないので、ほとんど仕事がありません。あまりにも仕事がないので病棟内を歩き、患者さんに懸命に話している私を不憫に思ったのか、ある日、OTの先生が「（OTに一緒に）入る？」と声をかけてくれました。

OTでは割り箸を「おてもと」と書いてある紙袋に詰める作業を行っていました。50名ほどの患者さんが集まり、数千膳の割り箸セットを作ります。普段、陰性症状が強い方もどんどん作業をこなします。このときばかりは病的体験の支配から解放され、目の前の「今」や「社会」につながっていました。残念ながらその状態はOT中のみでしたが、病院環境（コミュニティ）において大切な役割を担っていることがわかりました。

当時、精神科臨床に入って表現し難い「無力感」や「挫折感」を感じていました。素人同然なのに就職したら患者さんや他職種から期待されるような、自己愛強めな「未来予想図」を描いていました。しかし、しばらくすると、「自分の選択は間違っていたのではないか」など、「不安予想図」へと変わりはじめました。

### （3）研修会で聞かれたみんなの「あるある」

研修会で多く聞かれた新人心理職の「あるある」について、現場目線でその対処法について考えてみたいと思います。

●リアリティ・ショックが大きい

先程は、私のリアリティ・ショックの話でした。現実と理想のズレから起こるリアリティ・ショックは一般企業にも存在しているのですが、心理職の場合は別の要素もあるかもしれません。心理職養成では学術的専門性が中核となっており、指導でも専門性を実践させやすい「個室臨床」が想定されています。しかし、私の臨床は患者さんと割り箸を紙袋にひたすら入れるという「おてもと臨床」でした。謎に白衣は着ていますが（脱げばいいのに）…そこでは精神分析も来談者中心療法も直接的に応用させることができません。

**未来予想図をアップデートしよう**

就職・転職前に描いた「未来予想図」はあまり実用的ではないと考えたほうがよいかもしれません。なぜなら、その予想図は現場のニーズや職場文化などを十分に反映させることができていないからです。ぜひ、医療分野に限らず、心理職の皆さんには、できるだけ早いうちに「未来予想図Ⅱ」にアップデートすることをおすすめします。おそらくそちらのほうが、現場のニーズをしっかりと踏まえた、予想図になっていると思います。

### ●自分の業務が「心理職の仕事」と言えるのか大きく悩む

果たして「おてもと臨床」は「心理職の仕事」と言えるのでしょうか。フロイト（Freud, S.）は正当な精神分析を「純金」と呼び、他理論の援用や原法変更など、他の要素が入ったものを「合金」と呼びました。「おてもと臨床」はこの参照枠では完全に否定されます。当時の私も本物の支援ではないと思い、大きく悩みました。また、他職種はみんなプロとしてキラキラ働いているのに「精神科医療に心理職がいる居場所なんてないんじゃないか？」とまで考え、強い無力感に苛まれました。

OTに入ることで、「心理臨床サービス界におけるどん底の最果て（個人の感想です）」にいた私の心は居場所や役割が得られた感じがしました。しかし、専門家としての居場所を得たのではありません。限りなく患者さんに近い所でOTを受けている感じがしていました。正直言うと、自分の業務を「合金」以下の、専門職まがいの「鍍金（めっき）」の臨床のように感じていました。

#### 心理臨床のパラダイムシフト

近年、この「純金」を頂点とする心理臨床ヒエラルキーをとらえ直す見方が登場しました。東畑（2023）は原料から様々な目的に応じた合金を製造する方法である冶金（やきん）になぞらえ、「冶金スキーム」と呼んでいます。この枠で「おてもと臨床」を振り返ると、これも一つの支援スタイルであると今では肯定できます。あまりにも「純金」から離れていたため、敗北感や無力感を感じていました。しかし、それは私だけではなく、社会から隔絶され、役割や居場所を失った患者さんたちが共有する内的世界やその現実を共有していたのかもしれません。今の私ならその世界にいること（Being）が何よりの大きな支援になるのではと考えます。

### ●複雑な患者さんが振られやすく、評価が得られにくい

医師は限られた時間で診察しなければならず、対応が難しい患者さんが心理職に振られやすいということがあります。また、そのような患者さんは様々なクリニックや病院を回っている複雑な背景を抱えた方が多いです。実際、私も

境界性パーソナリティ障害や摂食障害の方を多く担当する時期があり、とても苦労した覚えがあります。しかも、心理支援を積極的に行おうとすると、だいたい２週間に１回、１時間ほどの時間を要します。また、それで患者さんが行動化したりすると、周囲の専門職からは「心理士さんは優しすぎる」「聴きすぎている」とか、けっこう、散々なことを言われてしまいます。たしかに一理あるところもあるのですが、心理職が難しい患者さんの対応ばかり振られているにもかかわらず、この評価では浮かばれませんよね。

**まずはアセスメントで評価を得よう**

はじめのうちは、難しいケースばかり振られるので、支援で患者さんや職場での評価を得ることが難しいかもしれません。そのようなときは、私たちのもう一つの専門性であるアセスメント力を磨くことをオススメします（第３章参照）。アセスメントは短期間で完結するため、いい仕事ができると「初頭効果」が得られやすいかもしれません。コツは報告書の文章を簡潔、丁寧に仕上げることです。たとえ的確なアセスメントができたとしても最終的なアウトプットである報告書が拙ければ、価値は半減します。アセスメント力向上には、文章力をつける必要があるので、文章をスーパーバイズしてもらうことはとても有効ですよ。

### ●専門性が評価されにくい――「スマイル０円」

職場で心理職の専門性を「やさしい人柄」「癒しびと」のように解釈されることはありませんか。まるで個人要因のようにみなされ、専門性が真っ当に評価されにくいと感じることがあります。そのようなことも背景にあるのか、診療報酬上でもあまり業務が評価されていないという現状があります。

一部の心理テストには診療報酬が発生しますが、アセスメントに必要な面接や行動観察には診療報酬はつきません。また、心理支援については2020年の診療報酬の改定によって小児科領域でようやく「小児特定疾患カウンセリング料」が算定できるようになりましたが、精神科をはじめとする多くの心理支援については算定できない状態です。心理職の活躍が期待されているものの、まだまだ「労多くして功少なし」というのが現状ではないでしょうか。

### コスト意識を持つようにしよう

残念ながら、心理職は診療報酬上ではなかなか貢献できません。「私たちの仕事はプライスレス」と開き直ることも一つかもしれませんが、それではこの状況を打破できません。まずは、自分の仕事の１か月分が一体、クリニックや病院にどれだけ経済的に貢献できているのか、算出してみるのもよいかもしれません。

今後、わが国においてもランダム化比較試験による支援のさらなる実証的研究が求められますが、現場で働く私たち心理職一人ひとりが、目の前の患者さんの症状や問題行動を実際に軽減させるという、草の根的なエビデンスも大きなうねりをもたらすのではと考えています。

### ●「見方」が違うので、「味方」が少ない

医療は自然科学を学んだ、「理系」専門職が多いのが特徴です。看護職やリハビリ職は私たちの立ち位置（人文科学、社会科学）に近い要素もありますが、医学教育をしっかりと受けているという点では、私たちよりも自然科学的な立ち位置に近いといえます。総合病院で勤務すると本当に痛感します。

そのような自然科学が礎となる医療の世界は「科学知」が重視されます。精神医学はすこし例外的であるかもしれませんが、ここ最近、精神医学でもそのような傾向はむしろ強まっているような気がします。私たち心理職は「臨床の知」を用いたレンズで患者さんの状況を把握するため、「見方」がすこし違います。その結果、同じ見方の「味方」が少ないことがあります。ここで言う「味方」とは敵か味方かという意味ではなく、「理解者」というニュアンスです。

### 「総合知」って知ってます？

簡単に言うと文系、理系を超えた「文理融合」です。自然界の現象やシステムは非常に複雑なので、分野ごとに深く研究することで効率的に研究を進める

ことができます。そのため、自然科学は宿命として「知の細分化」が起こり、対象理解のための変数が多くなる結果、余計にわかりにくくなるというパラドックスが生じます。

臨床心理学は大学によっては文学部にあったり、社会学部にあったり、医学部にあったりする不思議な学問です。この学術的な玉虫色感が医療においてマイノリティである理由ですが、それと同時に学問や専門性の垣根を超えて「ゆるっと」動けるモビリティは、今後、医療において大きな強みになるとも考えています。さぁ、職場で「総合知」を起動させてみませんか。

## 3 医療における「心理職のお作法」
### ――臨床力向上につながるセンスや価値観

#### (1)「技法」より「作法」

「総合知」を起動させるためには、私たちの声である「臨床知」を聞いてもらう必要があるのですが、残念ながら私たちはマイノリティなので、そのままではなかなか聞いてもらいにくい状況があります。私たちの専門性(技法)を正しく理解してもらうためには、まずは丁寧な関係づくり(作法)からはじめて、聞いてもらえる関係性を作る必要があります(第2章参照)。

#### (2)生活者としてのセンスを持つ

心理職である前に一人の生活者としてのセンスを持っておくことが大切です。このセンスは日常生活における様々な人たちとのかかわりや経験から培われます。他者の感情や状況に理解を示す共感力は「臨床力」を高めてくれます。つまり、「臨床力」を高める場は現場だけではなく、日常にたくさん埋もれています。日常で培われた温かな「臨床力」によって、患者さんが受け入れられ、理解されていたと感じることが心理支援の基盤です。この基盤(信頼関係)が弱ければ、基礎が弱い建築物のようにその上にどれだけいい建物(専門技法)が乗ったとしてもその建物は安定せず、崩れやすくなります。

また、私が強調したいのはセンスや価値観(人権感覚)を日常的に検証することです。数年前、東京五輪が開催されましたが、準備委員会内の要職者の失言や不適切演出などが問題となりました。「多様性と調和」を掲げていた東京五輪の開催理念とは程遠く、看板と中身の不一致が露呈しました。私たちの業界で言う「自己一致」していない状態です。当時、政財界の要人や、運営や演出において超一流の人たちが結集しました。しかし、蓋を開けると業界内センスは超一流ですが、生活者としてのセンスはいわゆる「昭和」の感覚で止まっていたようです。センスや価値観は言葉遣いに宿ります。言葉のやり取りを生業にする私たちは時折、センスや価値観を内省することが必要です。たとえば、「障害の社会モデル」「アライ（Ally）」など、あなたはうまく説明できるでしょうか？うまく説明できないようであれば知識のみならず、価値観のアップデートも大切です。

私は普段の臨床で性別違和を抱える子どもたちへの支援を行っていますが、プライベートで知り合いが出産したときに「息子さん・娘さん」と呼ばずに「お子さん」と呼ぶようにしたり、「彼氏・彼女」と表現せずに「パートナー」と表現したり、生活の中で言葉の選択が変化してきました。生活者としてのセンスが普段の臨床を大きく下支えしているような気がします。

### （3）社会人としての自覚を持つ――自信よりも自覚からはじめる

心理職としての自信は大切ですが、「マスターセラピスト」への道はなかなかのロング・アンド・ワインディング・ロードです。また、反省的自己実践が求められるので、もはやゴールのないロード（無限章）といえます。どうやらこの業界で自信をつけることは当面、難しそうなので（笑）、まずはひとりの社会人、あるいは新人としての自覚を持つことを意識するのはいかがでしょうか。私は普段、「お・さ・ほ・う」を心がけています。といっても、今回、原稿を作成するに当たって、すこし強引に語呂合わせをしてみました。しかし、これがけっこう、普段の心がけと一致しています。皆さんの仕事の一助となれば幸いです。

#### ●「お」 お土産作戦！――緊張をほぐして、話題を作る

いきなり俗っぽいことの提案です。日本のお土産文化はなかなか侮れないで

す。渡すほうも貰うほうも双方の緊張をすこしほぐしてくれる作用があり、自然な会話のきっかけになります。業務上でも信頼関係は構築されますが、休憩室での「お茶飲みニケーション」など、雑談から得られる信頼関係のほうがお互いの人柄がわかり、強いような気がします。

### ●「さ」「さすがですね～」――相手の専門性をわかろうとする

相手の専門性について質問をしてみましょう。心理職と異なる視点を学ぶことができます。そこで思わず、「膝、ポン！」な話があれば、「さすがですね～」と返してみましょう。もちろん、私たちの業界で言うところの「自己一致」は大切です。なにより、チーム医療では相手の専門性をある程度、ディスカッションできるくらい理解しておかないと、効果的な連携ができません。「お土産作戦」だけではなく、カンファレンスなどでも有効ですので、ぜひお試しください。

### ●「ほ」ほうれんそう――信頼関係の栄養素

「報告、連絡、相談」のことです。新人当時、私は間違った解釈をしていました。面接で知り得たことについて絶対守秘をイメージしていて、完全に「ほうれんそう」不足でした。主治医にも守秘を理由に多くを話していませんでしたし、それを大切な専門性だと勘違いしていたのです（守秘義務と多職種連携の両立については、第５章参照）。関係性の栄養不足とならないよう、普段の臨床にもぜひとも取り入れるようにしたいです。

### ●「う」うかがう――臨床では積極性が求められる

「うががう」には同音異義語として「伺う」「窺う」があります。以前の心理職のイメージは「待つ」だったと思います。その重要性は変わりませんが、こちらから「伺う」ことも大切になりました。「伺う」はそれぞれ「聞く」「質問する」「訪れる」の意味があります。職場に閉じこもらずに自分から積極的に動いて話しかけると、逆に話しかけられやすくなります。一方、「窺う」は「様子を窺う」、「タイミングを窺う」などで使用され、他者の気持ちや様子を思いやることができ、円滑な対人関係や信頼関係を築きやすくなります。どちらも、控えめで謙虚な姿勢ですが、動と静を併せ持つイメージがあるような気がします。

## （4）医療人としての自覚を持つ

●職場の臨床文化に馴染もう

臨床心理士はどちらかというと、長年、「個室臨床」における支援を想定しているため、どうしてもスペシャリティ（専門知）が強調されることがありました。しかし、臨床ではスペシャリストよりもジェネラリストが求められ、公認心理師はこちらに近いですよね。私の新人時代はすこし特殊かもしれませんが、事務作業も求められました。現場で臨床活動を行う上で、学術的な知識だけでは活躍できません。まずは、同じ職場で働く人たちとの共通言語を使用し、組織の一員として支援を任せてもらえるようにしましょう。

**ある心理職の話　ふたたび**

新人当時、理事長からしばしば特命（⁉）が入り、心理職なのに施設基準や看護基準の変更申請書類を作成し、県庁まで出向くことがありました。私が職場ではじめて評価されたのは一人の病院職員としてです。私自身はまず社会人としての自覚が先で、自信は後からついてくることが多いような気がします。この順番を間違えると、臨床力を効率的に育むことが難しくなるのではないかと思います。

●支援のベクトルを合わせる

あなたの勤務先がクリニックであれば主治医の治療ベクトルに合わせるようにしましょう。また、病院であればチームのベクトルと大きく違わないようにしましょう。たとえば主治医が「ゆっくりぼちぼち」と支持的精神療法を行っているのに、心理職がケースフォーミュレーションの結果、不安場面の回避と見立て、「不安場面に向きあう」という反対の姿勢でかかわることがあります。どちらも不適切なかかわりではありませんが、両方を提示される患者さんは戸惑います。また、抗不安薬が処方されていると、曝露療法をしたとしても「お薬のお陰」となり、肝である「身体感覚曝露」を実感してもらえず、効果的な介入とならないことがあります。このような状況は支援が円滑に進まないばかりか、患者さんにも不利益となるので、注意が必要です。

## 4　医療分野における「心理職の仕事」

### （1）地味だけど、やはり基礎体力をつけよう

本章前半では、臨床に臨むにあたっての下ごしらえ「仕事0.0」や「お作法」についてお話をしてきました。後半ではいよいよ今の仕事を「1.5」にマイナーアップデートする方法について考えていきましょう。

●シュート練習ばかりしていませんか？

現場や患者さんのニーズに応える「臨床力」を高めるにはどうしたらよいでしょうか。ここではアナロジーを使って考えてみます。スポーツ競技の世界では「競技力＝技術×体力」と考えるようです。たとえばサッカーであればシュートやドリブルなど、専門「技術」の向上を高めると同時に、持久力、筋力などの「体力」をつける基礎トレを行うことが基本となるようです。たしかにシュートが上手でも持久力や走力がなければ、試合で活躍することは難しいですよね。

私たちの仕事に当てはめると「臨床力＝専門技術×体力（社会人基礎力）」と言い換えることができるかもしれません。「社会人基礎力」（経済産業省、2006）とは「職場や地域社会で多様な人々と仕事をしていくために必要な基礎的な力」として経済産業省が提唱している概念です。ネーミングがいかにもお役所的な感じがありますが、私たちの現場でもとても大切な能力です。

「臨床力」の向上に努めようとすると「専門技術」の獲得をイメージしますよね。「専門技術」は科学性に馴染みやすいので、教える側が説明しやすい、また、学ぶ側もわかった気になりやすいというのもあります。では、基礎力については誰が教えるかとなるとなかなか難しいです。結局、OJT（第９章参照）に委ねられるところが大きいのかもしれませんが、冒頭でお話した通り、心理職はその機会がとても少ないのです。

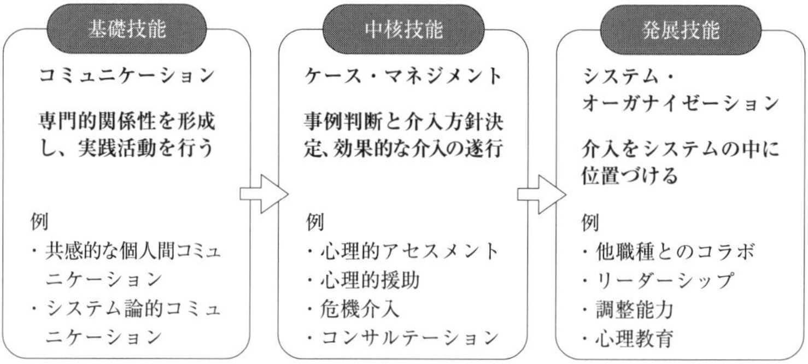


**図 1-1　実践活動の技能の分類**

出所：下山（2001）

## ●大学・大学院で教えてもらっていない

下山（2001）は臨床実践で求められる技能として、３つの技能を挙げています（図１－１）。私たちが養成校で学ぶ主な技能は真ん中の「中核技能」です。アセスメントやカウンセリングの支援もそれにあたります。これらは心理職の中核的な技能として様々なカリキュラムが用意されています。

一方、その両端の「基礎技能」と「発展技能」はどうでしょうか。もちろん、「基礎技能」である共感（第２章参照）や「発展技能」の多職種連携（第５章・第６章参照）も大切であることは知っています。しかし、これらはいわゆるノンテクニカルな要素であり、試行錯誤をしながら学んでいく実践的な技能で授業やロールプレイなどでの学習ではなかなか習得しにくいものです。

## ●基礎力不足はモデリング学習で補完する

臨床に出て、私が困ったのは「社会人基礎力」不足でした。しかも、ここに課題があるということに気づいていませんでした。私が実践したのは社会人としてのお手本となる人を探し、真似る（モデリング）ということでした。

私がモデルとした人は院内の男性看護師でした。その方はオープンマインドの持ち主で心地よいコミュニケーションを取ることができ、自然とその人の周りに人が集まるようなところがありました。コミュニケーションが不足している相手がいれば積極的に自ら話しかけることができ、自分とは異なる視点や意見に対して開かれた態度や柔軟な思考を持ち、新しい情報や視点に対しても受け入れる姿勢を持っている方でした。自分の「悪癖」が出そうなときや判断に迷うときは、彼ならどう判断し、動くかを想像して、時には行動レパートリーにはない行動も取り入れながら、試行錯誤的に動いていきました。そうすると少しずつ社会人としてどのように動けばよいのかがわかるようになってきました。私の場合は「適当な理屈をつけて課題の回避や先延ばしを合理化する」ことが課題だったので、できるだけ減らすように心がけてました。今、思うとセルフ認知行動療法をしていたのかもしれません。

### （2）臨床の「定石」を知ろう

●臨床の「定石」

もう一つのキーワードは「定石（じょうせき）」です。「定石」は囲碁をルーツとする言葉ですが、他に、医療系心理職であれば一度は言ったことがある「だけど、やっぱり、でもはダメ」で有名な「ダメ」は、打っても陣取りに関係がない場所（駄目）のことを指していたそうです。囲碁において「定石」は昔から研究されて最善とされる、決まった石の打ち方のことを言います。長い時間をかけて研究され続けた、模範的な打ち方であり、先人たちの汗と涙の「結晶」ともいえます。

心理臨床の世界にも「定石」があります。わが国においても医療では実証に基づく支援が強く求められるようになりました。アメリカ心理学会の第12部会（臨床心理学部会）は「経験に裏付けられた治療法（Empirically Supported Treatments: ESTs）」として、様々な技法を選別しています。そのリストはネットで公開されています。見たことがない方はぜひ、一度、目を通してみてください（https://div12.org/treatments/）。これらのマニュアルは、多くの患者さんの症状を改善させる「定石」を提供してくれますが、実際に患者さんの症状改善を保証するものではありません。実際、初学者の人たちからは「認知行動療法は難しい」などの声が多く聞かれますし、悲しいことに「認知行動療法は効かない！」「やってみたい心理療法ではない」と言い切る人までいらっしゃいます。

### ●「定石」の身につけ方——駄目を打たないために

身につけ方を今っぽく生成AIに聞いてみました。AIの回答は「反復学習」「理解を深める」「実際での活用」でした。私はその回答を見て思わず、「やるな～」と唸ってしまうと同時に、おそらく今、私たちが実践している支援の一部は将来、AIに受け渡すのだろうと寂しさも感じました。「心理職の仕事 with AI」の時代到来に備えて、もう少しAIの回答を紹介したいと思います。まずは「定石本」を何度も見ながら手順や形を何度も見直して記憶を定着させることがよいそうです。そして、「定石」がなぜそのような形や手順になるのかを理解することで応用力がつき、実戦での勝敗や局面の変化を通じて定石の使いどころを理解するのだそうです。いやいや、恐ろし、いや素晴らしいですね。

### ●「定石」は覚えて理解し、使ってみる——Know How よりも Know Why

私が認知行動療法を扱うケースでスーパーバイズを受けたとき、スーパーバイザーから「マニュアルは空で言えるくらいに覚えるように」と言われました。本書を読んでいる方の中にも、今まで認知行動療法を実践してみて「うまくいかなかったなぁ」と思われた方も多いと思いますが、再チャレンジの機会があればマニュアルを覚えることにくわえ、技法のメカニズムまでしっかりと理解し、現場（実戦）で実践をしてみてください。あっ、AIの助言通りの助言で申し訳ございません。

### ●「定石は覚えて忘れる」——「伝える」のではなく「伝わる」ように

「定石」の提供を強調すると、心理臨床で大切な「個別性」や「複雑性」を軽視していると感じるかもしれません。実際、私もそうでした。もともと精神分析的なスーパーバイズを受けており、本質的ではない感じがしていました。また、実際に認知行動療法を実践してもうまくいかないことが多くありました。しかし、何度も繰り返すうちにマニュアルが意識から消え、うまく機能しだすようになりました。臨床ではマニュアルをいかにクライエントに馴染ませることができるかが大切です。

私はクライエントの経験や価値観の連続線上に、「心理教育」や「技法」がうまくハマることを意識しています。「新しく習得しましょう」ではうまく馴染みません。クライエントは不適切な処理ばかり行っているわけではなく、必ず適切な対処をした経験があります。クライエントの中から例外的にできているところを引き出し、「そうそう、今からしようとしているのはまさにそのことです」と伝えたうえで、新しい考え方や技法を馴染ませる工夫をしています。「定石本」にもその重要性が書かれたりすることがありますが、「個別性」や「事例性」にかかわることであるため、説明が難しく、記載がとてもあっさりしていたりします。私は「定石」を超えたところから、「心理職の仕事」が始まるのではと考えています。

### （3）関係性を耕そう

さきほど、医療には「総合知」が必要になるということをお話ししましたが、それを生み出すには、各々の「専門知」を提供する「場」（カンファレンスなど）が必要です。ただ、何も意識しないとカンファレンスは「専門知」をお互いに披露する場となって、その場の声が大きい「知」が優勢になることがあります。また、かちかちのセメントのような「場」で話し合うと、専門性の違いからぶつかったときにお互いに傷つき、怪我をすることがあるかもしれません。もちろん、何も情報共有しないよりはマシですが、実りある肥沃な「土」にするためには「場」を耕す必要があります。

土は一度、耕したら終わりではありません。植物が元気に育つ肥沃な土とは簡単に言うと、スコップが楽に土に入り、雨が降っても水がはけ、土そのものがある程度湿度を保つことができる土のことを言います。人間関係も土と同じで肥料や定期的なメンテナンスが必要です。関係性がドライになってしまうと、業務上のモヤモヤやギスギスをうまく水に流せなくなり、職場環境が悪くなり、私たちの職業人としての成長が疎かになるばかりか、それが患者さんにも不利益を与え、支援がうまく展開しないかもしれません。スタッフ同士がギスギスした結果、連携や情報共有が不足することは一番、生じやすいことです。さらには境界性パーソナリティ障害の方が「スプリット」の機制を用いることにより、職場の人間関係が悪化することもあります。悪化した治療環境では安全にケースをマネージすることはできません。定期的にカンファレンスを行って情報を共有したり、悪いものを投影されたスタッフの労をねぎらったりするなど、心理職はチームの土壌をメンテするようにするとよいでしょう。私たちは虫の目と鳥の目を使い分けながら、ケースのことと、その治療環境についても気を配っておく必要があるのです。

### （4）「ケア」、ときどき「キュア」をする

#### ●ケアが求められている

「キュア（cure）」と「ケア（care）」は医療の基本的概念ですが、今までは分業型実践が中心でした。キュアは生物学的な「疾患」を治療によって治す医師の仕事、一方、ケアは「病い」に苦悩する患者さんに全人的なアプローチを提供する看護の仕事と捉えられていました。また、わが国においては戦後、医療の水準を欧米並みにしようと治療と診断に力を入れてきた（延命至上主義）ため、「キュア」に比べて「ケア」は専門性の低いものと考えられてきました。結果、両者は分業され、わが国ではうまく融合されにくいという状況が長らく続きました。

> **ICUって？なんの略？**
>
> 総合病院ではICUが存在します。日本語では「集中治療室」と訳されていますが、もともとIntensive Care Unitの略です。集中的にケアするというのが本来の意味ですが、日本語では治療（キュア）する場所として意訳されています。どのような事情でそのような意訳が行われたのかはわかりませんが、私たち日本人が思い浮かべる「ケア」は欧米人のもともとの感覚とズレている証左のひとつかもしれません。

#### ●「キュア」と「ケア」を整理する

「キュア」は治療、「ケア」は全人的アプローチと説明すると簡単ですが、イメージしにくいので、以下の図１－２で説明したいと思います（村田、1998）。

ガンと診断された患者さんをイメージしてください。左側は患者さんの客観的な現実です。「キュア」はこの現実を個人の主観的な理想イメージに近づけ、苦悩を和らげようとします。一方、「ケア」は主観的な思いを左側に寄せていき、

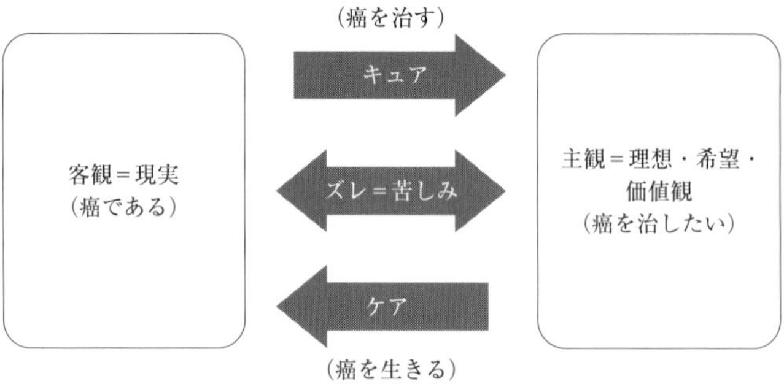


**図 1-2　苦しみの構造**

出所：村田（1998）（一部改変）

現実との折り合いや受け入れを目指します。もちろん、受け入れがたい現実を受け入れるには「痛み」が伴います。その移行にはどちらも「痛み」が伴うので、「キュア」では麻酔を使用し、「ケア」では痛みに耐えられるよう、私たちは共感を示します。共感的な環境では痛みに耐えられるようになり、向き合う勇気や意欲がすこしずつ出てきます。私たちの共感や姿勢はまるで、「心の麻酔」のような作用があるのかもしれませんね。

●心理職の「キュア」

私たち心理職は基本的には「ケア」側の立ち位置ですが、「キュア」に貢献できる選択肢が増えてきました。私の職場でもうつ病、不安症、PTSDに対する心理的治療のみならず、他科からの依頼がすこしずつ増え、「慢性睡眠障害」「疼痛障害」などの認知行動療法を提供する機会が増えてきました。しかし、私自身は病院での心理臨床を実践する中で「ケア」の概念のほうが馴染みやすく、専門性を発揮しやすいと考えています。働く職場によって、あるいは、「キュア」と「ケア」をどのように定義するかによって、自ずと比率は変わってくるのかもしれません。それぞれの職場で求められるニーズに対して、できる範囲で「キュア」や「ケア」を提供し、私たちがもっともっと医療に貢献できればと考えております。

◉これからの「キュア」と「ケア」

昨今、わが国においても「キュア」と「ケア」の役割がようやくアップデートされつつあります。もし「キュア」を病的な状態からの完全な治癒と定義するなら、慢性疾患の多くは治療の対象ではないということになります。「緩和ケア」「糖尿病ケア」「トラウマケア」など、今日の医療では両者を単純に二分化することが難しくなっており、「キュア」にも「ケア」の視点が多く盛り込まれることになっています。「キュア」は「ケア」を内包する概念になってきているのかもしれません。

## 5 「心理職の仕事 2.0」にアップデートするために

心理職は両価的な物の見方や態度が求められるように思います。この章でも「定石」を覚えろって言っておきながら同時に忘れろと言うなど、ダブルバインドメッセージを送っていましたよね。実は私はこの両価性をうまく機能させることが「心理職の仕事」を次なる高みに高めてくれるのではと考えています。

### （1）「科学の知」と「臨床の知」

本章でも両者を用いながら説明してきました。医療で働く私たちは他職種との共通言語として「科学の知」を用いる必要があります。「科学」は複雑性を排し、シンプルに単純化・分類化することが目的です。私たち人間も科学的に分類すれば「動物界・脊椎動物門・哺乳綱・霊長目・ヒト科・ヒト属」のヒトです。究極的には人間もヒト属の動物であるというのが自然科学的観点です。では、病院は「ヒト専門の動物病院」なのでしょうか。私はすこし抵抗があります。

「科学の知」との同化を目指すと私たちの専門性は十分に発揮することができません。とても興味深いことに私たちの仕事の一部は「科学の知」に馴染みにくいところがあります。人間が癒されたり、受け入れがたい事実を受け入れたりするには時間と安全な関係性が必要です。安全な関係性の構築は時間の経過が大切になり、そこには効率性や法則性はなじみません。一人の生活者としての視点で考えると病院にはやはり「臨床の知」があってほしいと思います。

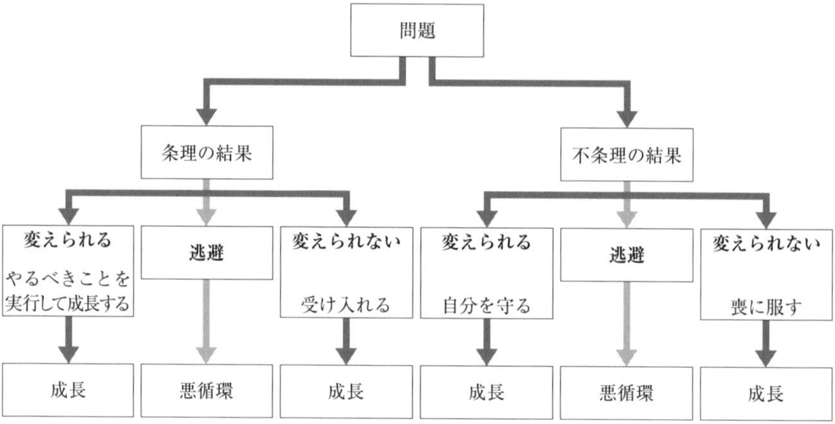


**図1-3　条理問題と不条理問題**

出所：堀越・野村（2012）

## （2）「解決できる力（doing）」と「受け入れに寄り添う力（being）」

患者さんの問題は大きく2つに分類できます（図1－3）。「条理問題」と「不条理問題」です（堀越・野村、2012）。「条理問題」とは個人の対処法などが要因で、やるべきことをやらない、またはやるべきではないことをやってしまうという誰もが予見可能な問題のことを言います。試験対策を十分にすることができず、単位を落とすことなどがその例です。一方、「不条理問題」は自らが引き起こしたとは言い難い事故や自然災害などの問題です。突然、ガンと宣告されること、道を歩いていたら暴行されることなどがその一例と言えます。

また、それぞれの問題には「変えられる問題」と「変えられない問題」があります。「条理問題」で「変えられる問題」は十分に試験勉強に取り組まなかった結果、単位を落とすということが考えられます。これによって次に単位を落とさないよう再試験の準備に取り組むことができます。一方で試験勉強に取り組まなかった結果、留年が確定する場合もあります。これはもうシステム上、変えようのない問題で受け入れなければなりません。「不条理問題」にも同じように「変えられる問題」と「変えられない問題」があります。暴行で受けた心の傷は専門的なトラウマケアによって治す（変える）ことができますが、何らかの身体的後遺症が残った場合は「変えられない問題」となります。

「変えられる問題」には「科学の知」が馴染みやすいといえ、「変えられない問題」には「臨床の知」が求められます。「闇は光では照らし出せません。闇を闇で照らすことが宗教や文学の役割」とは作家の柳美里さんの表現ですが（山折・柳，2019）、私たちが「変えられない問題」に臨む際の姿勢を示唆してくれているような気がします。

### （3）「玄人性」と「素人性」

「心理職の仕事」はまぎれもなくプロの仕事です。高度な専門知識と技術にくわえて高い倫理観が求められます。別の仕事をしている人が急に心理職として活躍することはたいへん難しいと言えます。しかし、ある種の「素人性」も重要であることは多くの研究者から指摘されています。理論や技法によってその比率や配分は異なりますが、心理支援には「玄人性」と「素人性」をどちらもうまく機能させることが重要です。認知行動療法では「協働的経験主義」としてそのあたりを言っていますし、ナラティブ・アプローチでは「無知の姿勢」（Anderson & Goolishian, 1992 野口・野村訳 2014）として技法の要であると強調しています。

たしかに心理職は臨床心理学の「玄人」ですが、患者さんの生活や「物語」においては私たちは「素人」であり、教えてもらう必要があります。「玄人」と「素人」にはどうしても上下関係が生じやすいですが、支援に限らず、アセスメントでも私たちは今までの経緯や出来事を教えてもらう必要があり、その点では圧倒的に「素人」であるという可逆的な関係が「ともに病みうる人間」（中井，2004）としての常識だと思います。ちなみに囲碁では実力が上の人が白石、下の人が黒石で対局しますが、もともとは強い人が黒の人（くろうと）、弱い人が白の人（しろうと）だったそうです。白と黒がどこかの時代でひっくり返ってしまったというのは、「私たちの仕事」を振り返る意味でも大変興味深いですね。

**文献紹介**

中井久夫（2004）．看護のための精神医学　医学書院

精神科医療における名著です。看護師さん向けに書かれた精神医学の概論的書籍

ですが、医療にかかわらず、心理臨床に携わる人たちには必携です。とくに「はじめに考えておくこと」が秀逸です。私は人に（一方的に）貸して返ってこなくなったので、中古本を含めて今まで５冊は購入しました（笑）。

東畑開人（2023）．ふつうの相談　金剛出版

本章でも紹介しましたが、私たちの臨床業務を振り返るのにとても役立ちます。今まで「心理職の仕事」に含まれていた、「名もなき支援」に「ふつうの相談」という名称を与え、現場で働くみんなが「まさに、それそれ」と腹落ちする体験をしました。巻末の「中断十カ条――若き心理士への手紙」もいいです。

山折哲雄・柳美里（2019）．沈黙の作法　河出書房新社

宗教学者の山折哲雄さんと作家の柳美里さんの対談集です。「生と死」「独り」「沈黙」など、私たちの心理職の仕事を考える上でも大きなヒントを与えてくれます。「闇を闇で照らす」「共苦」など、言葉のプロたちが選ぶ言葉に心が震えます。また、本章でも「作法」と「定石（マニュアル）」の大切さに言及しましたが、お二人もそのことについて考えておられます。「作法」にあって「法則（マニュアル）」にないものは「美」で、「法則」にあって「作法」にないものは「実利」だそうです…ときには、専門書ではない書籍から得られる学びのほうがインパクトを残すことも多いですよね。

**引用文献**

Anderson, H., & Goolishian, H. (1992). The clients are the expert: A not-knowing approach to therapy. In S. McNamee & K. J. Gergen (Eds.), *Therapy as social construction.* Sage Publications. pp. 25-39.（野口裕二・野村直樹（訳）(2014). ナラティヴ・セラピー――社会構成主義の実践　遠見書房）

経済産業省（2006）．社会人基礎力に関する研究会――「中間取りまとめ」 https://warp.da.ndl.go.jp/info:ndljp/pid/282046/www.meti.go.jp/press/20060208001/shakaijinkisoryoku-honbun-set.pdf（2023 年 8 月 31 日閲覧）

堀越勝・野村俊明（2012）．精神療法の基本　医学書院

村田久行（1998）．改訂増補 ケアの思想と対人援助　川島書店

中井久夫（2004）．看護のための精神医学　医学書院

中村雄二郎（1992）．臨床の知とはなにか　岩波書店

下山晴彦（2001）．臨床心理士養成カリキュラム　下山晴彦・丹野義彦（編）講座臨床

心理学Ⅰ　臨床心理学とは何か　東京大学出版会　pp. 191-209.
東畑開人（2023）．ふつうの相談　金剛出版
山折哲雄・柳美里（2019）．沈黙の作法　河出書房新社

## ❖コラム❖　雑談と自己開示について

秦　英恵

知らない場所で、はじめて働くことは、緊張すると思います。仕事内容に慣れるのも大事ですが、出勤方法や勤務時の服装、同僚との関係など、その場に合った振る舞いを探り、自分の居心地の良さを見つけていくのは、長く仕事をするうえで大事です。この職場は自分に何を求めているのか、自分は何を提供できるのかをつねに理解しておくことが、お互いにとって快適な空間になると思います。

また、同僚とのかかわりも居心地のよい空間には不可欠です。よい関係性を築くためには、まずは挨拶。当たり前かも知れませんが、出勤したときは「おはようございます」、退勤時は「お先に失礼します」と私は言っています。挨拶をすることで、誰かに自分の存在を伝えています。同僚との雑談は、相手のことを知り、自分について知ってもらう機会にもなります（もちろん、休憩中などのときですが）。とは言いつつ、雑談って難しいですよね。私は、自然な形で相手の様子を観察しながら、自分が興味を持ったことを口に出して話題にするようにしています。どんな服を着ているのか、身につけているものは何なのか、その中で、自分が好きだな、興味あるなと思うものについて聞いてみましょう。もしかしたら喜んで教えてくれるかもしれないし、話すのが嫌そうだと気づいたら、話を止めましょう。相手の反応を見ることが何よりも大事です。

自分が素敵だと思ったこと、疑問に思ったこと、自分はこう思うなど、自分の思っていることを、開示してもよい範囲で話すことで、結果的に相手に自分を知ってもらえるかもしれません。

同様に、同僚もあなたのことを自然と見ています。私は色々な職場で働いてきましたが、それぞれの職場で、職種の違う方々に、自然と色々な相談をしたり、私の体調が悪そうなときは、気遣って頂くことがよくありました。スーパーバイザーの先生や、心理職の方々に相談することはもちろんですが、私は心理職が一人の職場も多く経験しており、仕事中に相談に乗ってもらったり気遣ったりしてくれる他職種の同僚の存在がありがたかったです。

# 第2章

# 「きく・はなす」安心・安全な関係のつくり方

吉川征延　川端康雄

私（吉川）は精神科臨床の場で仕事をしていますが、何か特定の心理的支援法や技法にこだわって臨床活動を実践しているのではなく、様々なスキルや考え方、エッセンスを用いて、患者さんとかかわっています。特定の理論で臨床活動をしている方もいらっしゃるかとは思いますが、実際には私と同じような臨床活動を行っている方が多いのではないでしょうか。

私もそうでしたが、臨床に出たばかりのころは、患者さんに役に立つスキルを早く身につけて提供できるようになりたいとの思いを強く持って、焦ってしまうことはないでしょうか。スキルや知識を習得し実践することが重要であることは当然ですが、日常会話とは異なる心理臨床の場での作法を身につけておくこと、意識しておくことが大前提として重要だと私は考えています。それがこの章のテーマである「安心・安全な関係のつくり方」です。どんなに優れた心理的支援も患者さんが安心・安全を感じていなければ、うまくいくことはありません。そのため、心理臨床の場におけるコミュニケーションについて深く知らなければなりません。この章を読んでいただくことで、皆さんが自分自身の臨床場面でのコミュニケーションについて振り返っていただける機会となればうれしく思います。

## 1　「心理職の仕事」の根幹をなすもの——コミュニケーション

### （1）話しかけられやすい存在になろう

私たちは基本的に話をしない日はありません。一人暮らしをされている人であれば、休日、「あれ？今日は一言も話していないな」と思う日があるかもしれませんね。でも、職場内で「誰とも話していないな」と思うことがあれば、早急に今のコミュニケーションスタイルを見直したほうがいいかもしれません。

コミュニケーションは言葉を交わすことのみではありません。黙っているだけでもノンバーバルなメッセージは伝わります。何も話さないと「何かあったのかな？」「疲れているのかな？」など、気遣いや思いやりの対象として解釈されることもあれば、「私たちに不満でもあるのかな？」「何か腹に一物を持っていそうだ」などと解釈されることもあるかもしれません。どうも何も話さないことは何も伝えていないというわけではなさそうです。何も話さなくても、相手には何らかのメッセージとして受け取られる可能性があります。

情報の交換には、バーバルな情報のみならず、顔の表情、態度など、ノンバーバルな情報も一緒に交換されています。しかも、何も話さないことはノンバーバルな要素が情報の中心となり、解釈は相手任せとなります。組織内コミュニケーションの乏しさは、やや歪んだ解釈やすこし妄想的な関係性を生み出しやすく、私たちが安心・安全な業務を行ううえでも注意が必要です。

臨床で求められる心理職になるには、待ちの姿勢（カウンセリングでは大切な姿勢です）ではなく、自分から進んで挨拶をしてみることがよいです。ときには相手からの反応が得られず、無反応なときがあるかもしれませんが、それはそれでよいです。その方はその方でご自身のコミュニケーション様式で、おそらくご苦労をされているのだと思います。「何だよ！無視かよ」ではなく、「お気の毒に…」くらいでよいでしょう。また、できれば挨拶だけではなく、その後、相手が話しやすい内容（天候、時事ネタなど）を使って雑談をすることを試みる習慣を作るとよいでしょう。そうすると、仕事上でも何かあれば、相手から話しかけられやすくなり、その様子を見た、別の人も業務上の相談をしてくれるという、コミュニケーションの好循環が生まれるかもしれません。

### （2）「会話」と「対話」

私たちは心理職として、心理的アセスメント（以下、アセスメント）や心理的支援の一環で様々な方からお話を聞かせていただき、助言や支援を行っていますが、普段の何気ない日常のコミュニケーションと心理職としてのコミュニケーション

ケーションではいったい何が違うのでしょうか。もっと言うと、会話が上手な人は対話も上手な人なのでしょうか。この項ではそのあたりから考えてみたいと思います。大阪には「お笑い文化」があり、日々、様々な会話を楽しむ習慣を持っています。なかにはお笑い芸人のように、周囲を楽しませる猛者もいますよね。それでは、会話が大好きな大阪人は心理的支援で行うような対話が上手な方が多いといえるのでしょうか。

日常のコミュニケーションと心理職のコミュニケーションとの違いについて色々と考察することができるかもしれませんが、ここでは「会話」と「対話」という観点から考えてみたいと思います。英語では「会話」はカンバセーション、「対話」はダイアローグで、それぞれ異なる概念として認識されていますが、日本語ではその区別が非常に曖昧だと言われています。劇作家で演出家の平田オリザさんは、日本語では一見同じような言葉である「会話」と「対話」の違いについて非常に示唆に富んだ考察をしています。「会話」はライフスタイルや価値観が近い、親しい人同士のお喋り、日常会話であるのに対して、「対話」はあまり親しくない人同士の価値観や情報の交換、もしくは親しい人同士でも、価値観が異なるときに起こる、そのすり合わせであると考えています（平田、2012）。また、対話には新しい発見や出会いがあり、自分も相手も意見が変化するものだとしています。これは私たちの業界で言うところの「気づき」のようなものを指しているような気がしませんか。

### （３）「対話」に必要な聴き方の作法

私たちは、普段、たくさんのコミュニケーションをしていますよね。天気の話題や時事ニュースのことなど、色々です。会話や対話にはその扱う内容によって特徴があります。コミュニケーションの分類の仕方にも色々ありますが、私が臨床場面で使用しているものを表２－１に示します（堀越・野村、2012）。

私たちが日常的に行っているコミュニケーションは①から②までがほとんどです。初対面の関係ではとくにそうです。①から②までのお話は「会話」で成立することが多いです。もちろん「対話」にも使われることはありますが、多くの場合、「会話」で成り立ちます。テレビの街頭インタビューは別として、対面でいきなり個人の信念や個人的な内情の話は難しいですよね。そのような

表2-1　コミュニケーションのレベル合わせ

| | 内容 | 例 |
|---|---|---|
| ①あいさつレベル | あいさつ、社交辞令、慣習的なこえかけなど | 「おはよう」「お大事に」「よろしくお願いします」など |
| ②事実・数字レベル | 本当にあった事柄やニュース、数字で表せるものなど | 「体温は38度です」「明日の天気は晴れです」「この病気は糖尿病です」など |
| ③信条・信念レベル | 信条・信念など自分が信じている事柄 | 「その考え方は間違っていると思う」「この病気は治ると思う」など |
| ④感情レベル | 怒り、悲しみなどの感情 | 「とても嬉しいです」「正直、恐いです」「とても傷つきました」など |

出所：堀越・野村（2012）（一部改変）

話は③や④の範疇になるのです。これは「対話」が得意としているところです。これらの水準は豊かな人間関係を築くこと、あるいは新たな考え方や価値観へとアップデートされることにつながる、とても重要なコミュニケーションです。その一方、うまく対話することができないと関係を悪化させるリスクを孕んだコミュニケーションとなります。なので、信頼関係がとれた相手であれば自分の価値観や悩みを共有することができますが、仕事上の取引やご近所付き合いの関係性だとお互いの関係を悪化させたくないので、②くらいまでが無難で安全です。

もちろん、私たちが勤務している職場でも様々な「会話」や「対話」が行われています。一般的に医療では「おはようございます。今日はどうされましたか」といった挨拶に始まり、「じつは2、3日前から喉の調子が悪くて…」「おそらく○○だと思われます。お薬を出しておきますね」などと情報のやり取りをして、最後は「お大事に」と挨拶で終わることが多いですよね。一人ひとりの患者さんの価値観や感情を丁寧に聞いていたら、待ち時間が増えるばかりです。なので、診察室で交される多くのコミュニケーションは「会話」です。しかし、医療の中でも心理職がかかわるような精神科医療や慢性期医療などでは③から④の話題、つまり「対話」が増えてきます。「何も悪いことをしていないのに、どうして私がこのような病気にならないといけないのですか！」「私は大切な人を失って、悲しみにくれています」など、③や④の話がよく出てきます。

私が皆さんにお伝えしたいことは、クライエントの話がどのレベルの話かをしっかりつかんで、その話と同じ階層の聴き方をしているかということです。というのも、話の階層に応じて聴き方の作法が変わってくるからです。基本的に①、②のコミュニケーションでは表情は明るく、明瞭に行うことが有用でしょう。では、③や④のようなコミュニケーションではどうでしょうか。クライエントが思い通りになかなか進まない人生を嘆き、理不尽な境遇について語ろうとしている際、明るさはむしろ相手の神経を逆なでする可能性すらあります。求められる表情や態度、さらに声のトーンやテンポが違ってくるからです。このあたりはこの章の後半でも扱いたいと思います。

## 2　支援の基盤となる日本語について再考する

### （1）日本語の問題点や課題を知ろう

さきほど、「対話」は相手との関係をつくるコミュニケーションである一方、関係を壊すリスクもあるという話をしました。私たち心理職はコミュニケーションのメリットをたくさん知っていますが、同時にその問題点や陥穽についても知っていなくてはなりません。大学、大学院などの養成課程では意外に扱われない内容かもしれませんが、私たちが普段、何気なく使用する日本語が有する背景や世界観についてすこし考えてみましょう。

●言語には固有の世界観や人間観がある

普段から同じ言語を使用していると実感しにくいかもしれませんが、言語特有の世界観は私たちのコミュニケーションや人間関係を大きく規定することが知られています。海外で活躍している日本人サッカー選手が「（母語である日本語よりも）現地の言語のほうがストレートに自分らしさを出しやすい。むしろ、日本語のほうが何かを気遣っており、自分らしくない感じがする」とインタビューを受けているのを見たことがあります。これはバイリンガルの方であればよく感じることかもしれませんね。理由の一つに日本語は相手との関係性によって文章表現が変化し、その日本語の文脈表現でしか対人関係を説明できないという制約が影響しているのかもしれません。

英語圏では相手が上司であっても、子どもであっても、二人称の基本はyouですが、日本語では関係性によって変わります。「あなた」だったり、「お前」だったり、「先生」だったりします。また、一人称も上司やお得意先の前では「私」、小さい子どもの前では「パパ」、友人の前では「俺」というように変化します。これも英語圏ではどれもIです。しかも、日本語では主語を省略することのほうが多いですよね。主語が省略されても意味が通るのは動詞が尊敬語か謙譲語かで主語を推測できるからです。それくらい、上下関係というのは日本語において重要な情報なんです。

私が常々感じるのは、テレビや電車の吊り広告に芸能人の氏名の横にかっこつきで年齢が記載されていることです。あまり海外のテレビでわざわざ年齢を氏名の横に書いてあるのは見たことないんですが、あれは自分よりも年上か年下かを理解した上で、情報処理したいというニーズを反映しているような気がしています。あくまでも個人の見解ですが（笑）。

### ●上下関係や男女差別を生みやすい

最近は、私が勤務している大阪でも日本語を母語としない方々が増えてきているので、外国語を用いた心理的支援を実践している心理職も増えてきていると思います。ただ、日本における心理的支援では日本語を用いていることがまだ多いのではないでしょうか。なので、日本語を用いてカウンセリングを実施する私たちも構造上の問題や課題を踏まえておく必要があると思います。

日本語文化圏では、西欧の外国語文化圏とは異なり、相手との上下関係をとくに気にする構造になっていることは先程、お話ししました。平田さんは「日本語の特徴として上下関係や男女差別を生みやすい」としています（平田、2012）。その理由の一つとして、日本語には上に向かって尊敬の念を示すか、下に向かって褒めるという類の言葉は豊富であるが、対等な関係で褒める語彙が極端に少ないことを挙げています。そのため、たとえば、上司や先輩がゴルフでよいプレーをして、部下や後輩が「よかった！」「いいぞ！」なんて言ったら、上から目線な感じがして、お互いに何かモヤモヤした感じがしてよい気持ちがしません。とくに上司は（笑）。これは、日本語が西洋の言語に比べ、対等な関係のねぎらい言葉や褒め言葉がないことに由来します。対等な関係の言葉がきわめて少ないので、上司へのよいプレーには「ナイスショット！」など、外来語に頼らざるを得なくなっています。

●女性からの適切な指示語がない

他にも、平田さんは近代日本語に欠落している要素として、女性からの指示語などが十分に整っていないことを挙げています（平田、2012）。たとえば、社内の女性上司が男性の部下に「これ、コピー取っておいて」って指示すると、すこしきつい感じを与えてしまいます。一方、男性上司が同じように指示しても、それほどきつい感じを与えにくいといえます。

これは日本語の歴史の中で女性が男性に指示する関係は母親が子どもに指示する関係以外になかったからだと指摘しています。病院臨床で、年配の男性入院患者が女性スタッフにクレームを入れたりするのは、男尊女卑的な価値観があることにくわえ、このような日本語構造の問題が反映されているのかもしれません。対等な関係性をそのまま日本語として表現できるよう、日本語自体がアップデートされる必要があるのですが、残念ながら価値観や時代の変化に十分に対応することができていないようです。

私たちは現代人的な感覚を十分に反映することができない、古い言語やOSを駆使しながら、コミュニケーションを取っているという感覚を持っているくらいでちょうどよいのかもしれません。

### （2）新人のうちはうまく心理的支援を展開させにくい

このような日本語構造の制約の中で、実際に私たちは心理的支援を展開していくわけで、この構造をある程度、意識しておかないと関係づくりの構築に時間がかかるかもしれません。支援は言うまでもなく、「会話」ではなく、「対話」を志向しているので自ずと患者さんと心理職とのフラットな関係性が大切となります。しかし、日本語はさきほどお伝えしたように上下関係が内包され、対等な関係性の語彙が少ないため、対等な信頼関係の構築に苦労するかもしれません。

とくに若い心理職の皆さんはこの点を知っておいたほうがよいと思います。若い世代の皆さんは、おそらく現代日本人の中では、対等な関係に馴染みのある世代だと思われます。一方、私の世代（1970年代生まれ）なんかは、その過渡期ともいえ、体育会系の縦社会がまだ残っていましたし、さらに上の世代はもっと厳しかったかもしれません。私たちが担当するクライエントは子どもから高齢者の方々まで色んな方々がいらっしゃいます。

ここが日本語における心理的支援の難しさだと思います。「対話」は対等な関係性を志向するものの、日本語はどうしても上下関係を起点とした関係性をつくりだそうとします。私は学生さんや新人さんのスーパーバイズを引き受ける中で、その点をつねに踏まえるようにしています。スーパーバイザーである私自身の年齢や外見で機能する助言や支援が、新人である皆さんが年上の患者さんに伝えてもうまく機能するとは限りません。むしろ、「若いのに偉そうに何だ！」と思われる可能性すらあります。

私が新人の方々にまずお伝えすることは、「技法よりも作法」（第１章参照）だということです。専門家としての矜持や自負を持つことは大切ですが、まずは何よりも「この人と話をしていて、心地いいな」「この人なら話をしてみてもいいかな」と思ってもらえるような、支援者としての作法を意識することです。この作法の習得は、大学院の卒業までにすでにある程度、身につけている方もいらっしゃいますし、まだまだ途上の方もいらっしゃいます。臨床家としてのスタート地点がすでに違っているのです。

これは個人の感想かもしれませんが、中堅以上になると逆にカウンセリングを展開しやすくなるということもあります。日本語環境は良くも悪くも上下関係を意識したコミュニケーションとなりやすいので、「心理教育」などの情報提供や助言などを聞き入れてもらえやすくなるような印象があります。このような特徴は、技術革新が日進月歩で進むITなどの業界などに比べると、エイジングすることが仕事に活かせる、非常に奥深い業界のような気がします。

## 3 自分の対話スタイルを振り返る

### （1）「わかっていない」という謙虚さを持つ

●ブレた理解とズレた共感

ずいぶん以前、私がまだ駆け出しのころです。初回の面接で、「去年、離婚をしました」とお話される方がいらっしゃいました。私はその方に対してしっかり共感を伝えようと思い、「それはお辛かったですね…」と、声のトーンを落として、精一杯の共感を示したつもりだったのですが、その方は「いいえ、別れてせいせいしています！気分はどちらかと言うと、さっぱりです」と返答されました。そのとき、私は早合点をしてしまったことに気づきました。私がイメージした内容と患者さんがイメージしていた内容はズレており、的はずれな共感を伝えてしまっていたことになります。

●「無知（Not Knowing）の姿勢」

安心安全な対話を行うためには、「自分はまだわかっていないかもしれない」という謙虚な姿勢が求められます。「無知（Not Knowing）の姿勢」（Anderson & Goolishian, 1992 野口・野村訳 2014）って、聞いたことありますか。前章でも出てきたこの言葉は、ナラティブ･セラピーで有名なグーリシャン（Goolishian, H.）とアンダーソン（Anderson, H.）が言い出した概念です。一般的に専門知識をたくさん持っているのが専門家という常識がありますが、彼らはその常識を根底からひっくり返しました。私もはじめ聞いたときは、「じゃ、素人のほうがよいカウンセリングができるということなのか。専門教育なんて意味がないのか」と考えてしまいました。しかし、ここでいう「無知」とは「教養がない」「十分なトレーニングを受けていない」という意味ではなく、もうすこし限定的なものです。では、何に無知なのかというと、「クライエントの体験や生きてきた世界」について「無知」という意味です。そのため、そのような態度を持つ心理職はクライエントが話したことについてもっと知りたいという好奇心に導かれ、その結果、「教えてもらう」という姿勢になっていきます。

私たちはクライエントとはじめて出会ったとき、それこそインテーク前では何も知らないわけです。しかし、生育歴や現病歴などを聞いていくとしだいにわかったように思えてきます。このわかったように思えるのがじつにやっかいで、本当の体験の理解を阻んでしまうことがあります。ナラティブ・セラピーの人たちが言い出した姿勢なのですが、理論や学派を超えて臨床で働く心理職にはとても大切な姿勢だと思います。

●危ない心理職にならないために

患者さんの症状や体験を学術的・専門的に理解しようとする姿勢はたしかに大切です。ただ、心理職はたくさんの理論や知識を吸収していますし、何よりたくさんの「経験知」によって早わかりしてしまいやすいという傾向にあります。また、自分の拠って立つ理論を確認するために、自分の仮説に都合のよい情報を引き出すことに終始してしまう可能性もあります。

私が臨床家になってからも一種の社会現象とも連動しながら、様々な概念が注目されました。アダルト・チルドレン、境界性パーソナリティ障害、発達障害、最近ではHSP（ハイリー・センシティブ・パーソン）などがそうかもしれません。そして、そのような概念を勉強すればするほど、目の前の患者さんがそのように見えてしまいます。最近、私はトラウマインフォームド・ケアの概念に注目しており、その概念を用いることでトラウマの存在が症状の形成維持に関与していることがアセスメントしやすくなりました。しかし、その一方でどこかで近視眼的になってしまってはいないか自戒するようにしています。この誤解しているかもしれないという謙虚さを失うと、とんでもなく危ない心理職になってしまうかもしれませんね。

ところで、皆さんは、お話は好きですか？自分と共通の趣味や関心を持っている人とのお喋りはとても楽しいですよね。私はキャンプが趣味なのですが、職場の先生方とお話するとあっという間に時間が過ぎてしまいます。それでは、あまり自分が詳しくない分野のことを聞くことは好きですか？知らない分野で、ときには知ったかぶりをすることも大切なときもありますが、わかっていないという姿勢で謙虚に尋ねることは、心地よい「対話」をするためにはとてもよいトレーニングになると思いますよ。

## （2）間（ま）を意識していますか

### ●「間抜け」なカウンセリング

心理的支援の「対話」の中でしっかり「間（ま）」を意識していますか。私が働く大阪には会話の中で多彩なコミュニケーションを用いる人が多いです。中にはまるで漫才師のような、間の良いやりとりができる方もいらっしゃいます。

この「間」という感覚は古くから歌舞伎や狂言の世界で使われてきた言葉なんだそうです。セリフとセリフ、動作と動作のちょっとした時間的間隔のことを言います。要は間合い、呼吸、タイミングのようなもので、大切なものであるものの、芸事の世界ではなかなか手にとって教えることができないものと考えられているようです。この「間」がうまく取れないことを評して「間抜け」という言葉が生まれたそうです。

普段の日常会話や雑談では間を意識することは少ないのではないかと思います。盛り上がる会話を分析してみると、お互いに相手の話を最後まで聞かず、被せ気味、食い気味で、前のめりでお話することが多いです。仲良し同士の会話であれば、これはこれでよいのだと思います。しかし、「対話」を指向する私たちのカウンセリングでは、それではうまく機能しません。ましてや、相手の話を最後まで聴かずにこちら側が反応してしまうと患者さんは言いたいことを最後まで言い切れず、心の消化不良を起こしてしまうかもしれません。

### ●間をつくることで、本当の感情や思考にアクセスできる

私たち心理職のコミュニケーションで大切なのは話の盛り上がりではなく、内なる感情体験や思考にアクセスし、それを意識化し表出させることです。そのような内的過程を進めるためには日常のコミュニケーションテンポとは異なる、非日常的ともいえる対話独特の時間の流れが必要です。そのために必要な時間はコミュニケーションとコミュニケーションの間（あいだ）にある、まさしく「間」です。テンポのよいテニスや卓球のラリーのようなやりとりは、自分自身の感情を感じたり、思考を意識化したりする時間がないので、「自動思考」のような表層の内容がやり取りされることが多いです。そうなると、そこには小気味良いコミュニケーションが成立していても、「対話」が成立してい

ない可能性があります。これでは楽しい「会話」が続くだけで、いくら時間をかけても、「対話」が目的とする気づきや感情調整には至らないことになります。

●「沈黙は金？」

心理職のアセスメントや心理的支援では、患者さんの中で生じている感情や思考の理解がなにより大切であり、そのために「間」は必要ですし、長い間である沈黙がとても有効であったりするんです。

私も新人のころは、沈黙に耐えきれず、何か気まずいような気がして、自分から話し出してしまうということがありました。新人の皆さんの中でも沈黙が苦手な方は多いと思いますが、「今、感じておられる感情（考えておられる内容）は、とても大切なことだと思われるので、すこし時間をかけて味わって（考えて）みましょう。時間を気にしなくても大丈夫です」などと、伝えてみると、お互いに楽になり、沈黙を有効に使うことができます。一度、使ってみてくださいね。

## （3）体験を聴くということ

突然ですが、あなたは音楽好きですか？もしあなたが音楽好きなら、同じ愛好家とどのようなやりとりをしますか？「あなたの好きな曲はどんな感じの曲ですか？」と質問されたとしたら、すこし回答が難しいですよね。感じている体験を言葉にする準備ができていないので、すぐに答えることができません。では、「あなたの好きな曲は何ですか？」と質問されたらどうでしょうか。おそらく後者の方がお互いに扱いやすく、回答しやすいので、その後の話も盛り上がり、「この後、飲みに行きましょう」となるかもしれません。

●心模様ってどんな模様？

日本語には「心模様」っていう言葉があります。私たちの心の有り様を表現するのにうまく言い得ているような気がしませんか？模様はなかなか言葉で説明することはできません。市松模様のような幾何学的な模様ですら、言葉での説明に一苦労します。私たちの心や体験は言語という媒体とは馴染みにくいのかもしれません。それよりも、絵画や音楽などのノンバーバルな媒体のほうがしっくりするかもしれません。

### （４）ボーカル・サイコセラピーを意識する

●バーバルとノンバーバル

一般的にコミュニケーションはバーバル・コミュニケーションとノンバーバル・コミュニケーションに分けることができます。昔、私がスーパーバイズを受けた当時は逐語でのやり取りを記載し、その内容にもとづいて指導を受けていました。でも、やりとりのテンポやトーンが文章ではわからないので、実際にクライエントが感じている体験や感情を再現することが難しかったことを覚えています。なので、私が数年前に受けた、ある技法のスーパーバイズではクライエントに了解を得たうえで、ビデオ撮影し、その撮影動画にもとづいて指導を受けていました。やはり言外のノンバーバル情報がとても大切なんだと言われました。

●自分の話し方を意識したことはありますか？

ボーカル・サイコセラピーという言葉を聞いたことがあるでしょうか。普段、私たちが実践しているカウンセリングは基本、言葉を媒介としたバーバル・サイコセラピーですよね。一方、遊戯療法や描画療法なんかはノンバーバル・サイコセラピーと呼ばれたりします。ボーカル・サイコセラピーって何なんでしょうか。これは神田橋條治先生がご自身の著作（神田橋、2006）でサリヴァン（Sullivan, H. S.）が言及したと紹介している概念です。その中で人の心が癒やされるのはバーバルではなく、ボーカルだって仰っているんです。たしかに心地よい人の声ってありますよね。皆さんも推しの声優さんがいらっしゃるかもしれません。

ひとは大切な話を開示しているとき、その内容に相応しい声の調子や態度で相手に聴いてもらえるとわかってもらえたという安心感や満足感が得られやすくなります。これができないと不快感や怒りの気持ちが出てくるかもしれません。前述した『コミュニケーションのレベル合わせ』の③は個人の信念や価値観を扱いますが、クライエントは自然と声に力が入り、熱量高くお話するかもしれません。また、④で悲しみに打ちひしがれているクライエントはどのように内面を語るでしょうか。声のトーンやテンポをうまく合わせることができないと、わかってもらえた感覚が得られにくいかもしれません。私たち心理職は聴くプロという自負を持っていますが、はたして声のトーンを変えて話すことはどのくらいできているでしょうか。

●自分の表情や声に意識を向ける

クライエントの表情や声に意識を向けることが大切です。私たちが「あの後、いかがお過ごしでしたか？」と問いかけた際に「大丈夫でした」と伏し目がちで声のトーンが低い返答があった場合、おそらく真っ当なトレーニングを受けた心理職であれば「大丈夫だったんですね。良かったです！」とは思わないと思います。おそらく「前回と今回との間に、何かあったのかな？」とイメージしながら聴いていきますよね。

それでは、私たちは自分自身の表情や声のトーンについて同じくらい気を配れているでしょうか。一般的にプロの俳優さんやモデルさんは別として、自分の表情をまじまじと観察したり、自分の声を聴いたりすることはないですよね。皮肉なことに鏡に映る自分の顔は実際と左右が逆ですし、普段、聞いている自分の声は骨伝導を通しているので、実際の声とは違いますよね。自分が穏やかに傾聴している（つもりの）顔が実際と違ったりすることもありえます。

要は表情を含めて自分の声のピッチ（音の上げ下げ）、トーン（口調）、テンポ（速さ）をうまく調整することを意識しながら、コミュニケーションすることができているかということです。クライエントによって、あるいは同じクライエントでもそのときの感情状態によって心地よいピッチやトーンは変わってきます。嬉しいことがあって声が弾んでいるときには、聴き手もすこしピッチやテンポをあげる必要があるでしょうし、喪失体験や心の傷を扱っているときにはピッチ、トーン、テンポを下げて話を聴く必要がありますよ。まるで、ボーカリストみたいですね。

## 4 関係性を振り返る

### （1）カウンセリングの現在地を把握する

●心理的支援におけるステージモデル

心理的支援をクライエントの特徴に適合させることの効果を示すエビデンスが示されるようになりました。変化のステージ、心理的リアクタンス、患者さんの好み、文化などの変数に合わせて技法を選択することが大切になっています。中でも、カウンセリングの展開がどの変化ステージにあるのかを考えておく必要があり、ステージごとに技法を適合させることで治療効果が高まることが示されています（Prochaska & Norcross, 2013）。このステージモデルも様々なものがありますが、臨床的にとてもわかりやすく、汎用性が高いと思われるのは以下のモデルです（岩壁、2020）（図２－１）。

●「いいなりやいきなり」になっていませんか

たとえば主治医の先生から「この人は大うつ病性障害で反芻思考に問題があるので、反芻焦点化認知行動療法をお願いします」という依頼があったり、患

図2-1 心理的支援の段階

出所：岩壁（2020）（一部改変）

者さんから「トラウマがあるので、EMDRをお願いします」というリクエストがあったりするとき、「わかりました！」とすぐに技法の導入を検討することも大切ですが、まずはしっかりと導入のタイミングとその適応を考えてケースフォーミュレーションする必要があります。主治医や患者さんに、臨床心理学的な見立てを伝え、場合によっては当該技法の導入を遅らせたり、別の技法の実施を再検討してもらう必要があるかもしれません。

主治医の依頼や患者さんの要望のいいなりになってしまい、心理的支援がいきなりになってしまうと、効果を十分に発揮することができないばかりか、関係性を壊してしまうことにもなりかねないので、注意が必要です。

### （2）フィードバックをもらえているか

#### ●フィードバックは大切

私が勤務している病院にはご意見箱のようなものがあり、患者さんやそのご家族からの意見を聴くというシステムがあります。皆さんのところにはありますか？また、最近はネット上で病院やクリニックの口コミ評価があり、たまに覗くようにしています。怖いですけどね…（笑）。患者さんの背景情報が一切わからないので、その情報をそのまま鵜呑みにすることはできませんが、多くの患者さんは医療従事者のコミュニケーションやその態度に傷ついたと投稿されているようです。

#### ●カウンセリングにもフィードバックを

業界を問わず、何かしらのサービスを提供して、そのフィードバック（以下、FB）をもらうことはとても大切だと思います。皆さんはクライエントから直接的なFBをもらうことはありますか。私もすべてのケースでもらっているわけではないのですが、終結を迎える際に感想やFBをもらうようにしています。すこしバイアスがかかっているかもしれませんが…（笑）。その際、「あのとき、先生はこういったけど、じつはすこしムッとした」「先生の言っている意味が今はわかりますけど、当時は何を言っているのかわからなかった」など、ネガティブなFBをもらうときもよくあります。正直、落ち込むときもありますが、このネガティブなFBには私たち心理職の伸びしろを教えてもらっているような気がします。また、直接、聴くことができていなくとも、少なくともケースを継続することができているということは少なくとも悪いコミュニケーションではないというFBを得ていることなのかもしれません。

今まで述べたような、カウンセリング全体のマクロなFBだけではなく、カウンセリング中でも、ミクロなFBをもらったほうがよいです。セッションの中で、こちら側の理解をサマライズして伝えるときがありますよね。そのときに、こちら側の理解で間違いがないかFBをもらいましょう。新人のうちは、自分の理解に違いがあったらどうしようとFBをもらうことにためらいがあるかもしれませんが、多くのクライエントは「なんだよ、このカウンセラーはわかってないな」とは思わず、「しっかり自分の話を理解しようとしているな」「自分のことを尊重してくれているな」と思うことがほとんどです。患者さんからのFBをもらって、一部、修正した内容をもう一度、お伝えし、肯定してもらえれば、そこで「それはお辛かったですね」「なるほど、大変でしたね」とお話しして、ブレない、ズレない正確な共感を伝えることができます。そのような作業ややりとりができるようになると、次第に対等な関係性が構築できるようになります。

### （３）協働的な関係が構築できているか

#### ●「話す」は「離す」

心理的支援において、もっとも大切なことは傾聴することだと教えられます。傾聴の効用は様々ありますが、クライエントが自らの出来事や経験を「話す」ことによって、いったんその問題を「離す」ことができ、色々な角度から再検討できる場を提供することができることもそのひとつです。そのような場でクライエントは自らの気持ちや考えを整理することができます。心理職と安心できる関係性を築けなければ、問題や外傷体験を安心して手離すことは難しいと言えます。

#### ●心理職は「説教職」ではない

まずはクライエントに説教をしないことが大切です。さすがに初回から説教する心理職はいないと思いますが、セッションが継続するうちに「間違い指摘反射」といって、クライエントのやっていることを「それ、間違いです」と反射的に正してしまうことがあります。たとえば、慢性的な不眠障害で困っている方が、「どうしても眠る前にスマホを見てしまうんです」と話したことに対し、その方なりの事情をしっかりと聴くことなく、「スマホはやめたほうがよいですね。夜型のリズムになりますよ」と指導してしまうようなことは、うっかりやってしまいそうですよね。

また、セッションを継続するうえで「ホームワークをやってきてくれない」、「行動がなかなか変容しない」など、様々な要因で、説教や命令をしてしまうことがあります。「そろそろこのあたりでホームワークをしておかないと、きっと後悔すると思いますよ～」「もっとちゃんとやらないと、カウンセリングの効果が上がりませんね」など、よかれと思って、叱咤激励することが正当化されてしまうことまであります。このようなクライエントのモチベーションを削いてしまうかかわりはロードブロック（道に置かれた邪魔な石）と呼ばれます(Gordon, 1995 近藤訳 2002)。これらはクライエントが言ったことに対して理解しようとすることなく、反応しようとしているかかわりに近いです。相手の言ったことを本当に受け取っているのかどうか確認する前に、問題解決を急いでいるような方法です。以下に臨床場面で出そうなロードブロックをあげておきますので（表２－２）、自分のカウンセリングを振り返る上で参考にしてみてくだ

**表2-2　ロードブロックの例**

| 種類 | 内容 |
|---|---|
| 命令や脅し | 「このままでは大変なことになりますよ」 |
| 説得する、議論する、講義する | 「それは反抗期の特徴で…」 |
| 否定する、批判する | 「さきほど、○○と仰っていましたが、心理学的には△△と言って、今では否定されています」 |
| 助言する、示唆する、解決を与える（許可なく） | 「スマホはもう晩10時以降は触らないようにしましょう」 |
| 安心させる | 「大丈夫。大丈夫。そのうち状況が良くなるよ」 |

出所：Gordon（1995 近藤訳 2002）（一部改変）

さい。

### ● SDM がない EBM は押しつけになる

医療分野では近年、IC（インフォームド・コンセント：説明と同意）に替わる概念として、SDM（共同意思決定）の概念が注目されるようになりました。もともとICは医師の方針が全てであったパターナリズム（父権主義）の反省から、生まれた概念でした。本来､十分な情報を得た上での（インフォームド）同意（コンセント）という概念なので、同意する主体は患者側です。しかし、ICに「説明と同意」という日本語訳を用いてしまったため、説明の主体は医療者、同意の主体は患者となってしまい、日本ではねじれ現象が起こってしまいました。その結果、医療者が「患者さんにICしてきます」ということが起こり、主体は医療者側と考えることが増えてきたんです。どうかすると、医療者の説明のみが強調されるようになり、同意はサインをもらったかどうかになってしまいました。

世界ではICをさらに洗練させた進化版とも言えるSDMが登場するようになりましたが、日本ではねじれてしまったIC概念を修正する上でも大変重要な概念となっています。SDMは患者さんと医療者がエビデンスにもとづいた治療法（EBM）や患者さんの価値観などを共有し、話し合いながらともに意思決定することを重視していますので、エビデンスのみで選択することはたんなる押しつけとなってしまいます。

前章でも触れていますが､「臨床力」を効果的に高めるためには､「専門技術」と「社会人基礎力」が必要です。本章で扱ったコミュニケーションは「社会人基礎力」の礎となります。スポーツでも普段からの体力づくりが必要であるように、日常生活からコミュニケーション力を意識して磨いていく必要があります。

### ◇Ｑ＆Ａ◇

### Ｑ 他職種にどんな風に呼んでもらうのがいいの？

勤務している病院では、ほとんどのスタッフが、心理職の私のことを「先生」と呼びます。大学院を出たばかりで何もできないのに、「先生」と呼ばれることに、居心地の悪さを感じます。名前で呼んでくださいと伝えるべきでしょうか。

**A　その何とも言えない居心地の悪さとてもよくわかります！**

私も仕事を始めた当初、そのように感じたことを思い出しました。心理職は、職場によって様々な呼ばれ方をしているようです。私の場合は、医師や看護師、患者さんからは「先生」と呼ばれ、そのほかのメディカルスタッフからは「さん」や「くん」で呼ばれ、あまり統一されていませんでしたが、質問者と同様に引っ掛かりを覚えていました。医師や看護師から「先生」と呼ばれることは、患者さんに心理検査やカウンセリングをする際に、信用をしてもらいやすく、導入しやすいというメリットがありました。「心理の先生が来るからねー」と事前に説明をしてもらうことが、心理職にあまりなじみのない患者さんにとっては、安心につながっていたのかもしれません。メディカルスタッフからの呼ばれ方は、相手の年齢や職種などにも関係があるかもしれません。中には、「心理は先生ではない」と考えている人もいたと思いますし、「先生と呼ばれるとプレッシャーがかかるでしょ」と気遣ってくれる人もいたと思います。このころは、この人は「先生」と呼ぶ、この人は「くん」と呼ぶ、どうしてかな、どんな風に自分を見ているんだろう、これでいいのかな、などといろいろと考えていました。

ここで、私がどのようにしたかというと、どんな敬称をつけて人を呼ぶのかというのは、関係性や相手が自分をどう見ているかということがやはり影響しているわけで、それであれば、その関係性を応用しようと考えるようにしました。相手が自分をどう呼ぶかは、コントロールできないものですので、言い方が少し乱暴ですが、その呼ばれ方を利用しようと考えたのです。「さん」や「くん」と呼ぶ人の中には、心理士である自分を近しい存在として見てくれている人もおり、そういった人たちとはフランクに話すことで、飲みに行ったり、遊びに行ったりするような関係性につなげることができました。「先生」と呼ぶ人の中には、心理の専門性をとても尊重してくれる人がいる（これは同時に心理士に求める専門性も高い）ため、失礼にならない程度に、積極的に心理の立場から意見を述べるようにしました。呼び方には、相手が自分に期待している役割を探るヒントがあります。その役割がわかると日々の業務や他職種とのコミュニケーションは取りやすくなるのではないでしょうか。

ただ、数年経てば呼ばれ方なんて、きっと気にならなくなるので、安心してください…。

**Q　心理職は専門職として、必要不可欠ではない？**

精神科病院に心理職として勤務して２年になります。毎日、心理検査や面接など専門的な仕事を行っていますが、今の職場において心理職がいなくてはならない専門職と感じることができません。もっと経験を積み、専門性を高めることで、いなくてはならない存在と自信を持てるようになるでしょうか。

**A そうともいえないですよ！**

そのように感じること、とても共感します。私もよく心理職って本当に必要なんだろうかと考えていました。

さて、精神科病院に必要な専門職って何なんでしょうか。まず、医師は患者さんの治療を行う存在として不可欠であることは疑う余地もありません。看護師も患者さんのケアにはなくてはならない存在です。薬剤師は投薬において必須ですし、精神保健福祉士などのケースワーカーも地域や家族との連携のキーパーソンです。これらの専門職は、ほぼすべての患者さんにかかわっていて、どの職種が欠けても、たちまち支障が出てしまいます。でも、心理職においては、かかわっていない患者さんの方が多いのではないでしょうか。私たちの専門性の特徴として、一人の患者さんにかかわる際にとても時間がかかるという理由が考えられるのですが、そもそも、心理職がかかわらなくても治療が進むという現実もあります。入院患者さんも心理職がいなくても退院していきます。すべての患者さんにおいて私たちのかかわりが必要ではないことは、まぎれもない事実です。

ところで、私が勤めた精神科病院は、心理の専門性をとても尊重してくれる病院で心理テストやカウンセリングについて、医師や看護師をはじめ多くのスタッフが、患者さんにとってとても大切なものと考えてくれていました。それでも、医療機関において非常に重要な診療報酬上の施設基準や行政手続きにおいては、医師や看護師、薬剤師が中心で、そこに心理職が必要となることはほぼないため、やはり他の専門職との間に大きな違いを感じることが少なくありませんでした。行政の実地指導や提出書類に心理職がかかわることはないのです（もちろん国家資格化された今後は変わっていくかもしれませんが…）。

上記のような面からみると、制度上、心理職が必要不可欠な存在とは言い切れない現状があります。しかし、必要不可欠な存在ではないからこそ、発揮できる専門性があると私は考えています。私たちの専門性を必要としている患者さんに効果的にかかわることで、心理職の存在意義を高めることができるのではないでしょうか。そして、必要があれば心理職を活用できると、医師をはじめ他職種が認識してくれると、それがいつかいなくてはならない専門職として、みなされることにつながるのかもしれません。また、今後進むと考えられる「キュア」から「ケア」への医療のパラダイムシフト（第1章参照）において、心理職が重要な役割を担っていくことができると私は信じています。

ですので、専門性を高めることはとても重要ですが、それと同時に、心理職の特殊性や強みをいかし、今所属している職場で、どういう役割を果たすことができるのかを考えてみてはいかがでしょうか。

### 文献紹介

堀越勝（2015）．感情の「みかた」――つらい感情も、あなたの「味方」になります。いきいき

この本はネガティブな感情にも大切な役割があることをあらためて教えてくれます。きっとあなたのアセスメントスキルや支援スキルを深めてくれるでしょう。

中根千枝（1967）．タテ社会の人間関係――単一社会の理論　講談社現代新書

出版から50年以上経過し、日本人の価値観や人生観が変化していますが、私たちが扱うケースのみならず、日本社会の人間関係や社会問題を考察するうえで必読です。もちろん、現代にも通じる内容です。

### 引用文献

Anderson, H., & Goolishian, H. (1992). The clients are the expert: A not-knowing approach to therapy. In S. McNamee & K.J. Gergen (Eds.), *Therapy as social construction.* Sage Publications. pp. 25-39.（野口裕二・野村直樹（訳）（2014）. ナラティヴ・セラピー――社会構成主義の実践　遠見書房）

Gordon, T. (1995). *Good relationship what makes them, what breaks them.*（近藤千恵（訳）（2002）. ゴードン博士の人間関係を良くする本――自分を活かす相手を活かす　大和書房）

平田オリザ（2012）. わかりあえないことから――コミュニケーション能力とはなにか　講談社現代新書

堀越勝・野村俊明（2012）．精神療法の基本――支持から認知行動療法まで　医学書院

岩壁茂（監修）（2020）．完全カラー図版 よくわかる臨床心理学　ナツメ社

神田橋條治（2006）．治療のこころ　第1巻　対話するふたり　花クリニック神田橋研究会

Prochaska, J., & Norcross, J. (2013). *Systems of psychotherapy: A transtheoretical analysis.* Oxford University Press.

## ❖コラム❖ 「話を聴く」という営み

溝口前子

私の心理職としてのスタートは精神科クリニックからでした。そこには幸いなことに多くの先輩方がいて、新人研修や海外講師を招いたセミナーなどの研修も多く、１年目から現場実践とともに多くの学びの機会を得ることができました。ただ大学では児童心理を専門に学んでいたので、最初は精神科の雰囲気に圧倒され「来るところ間違えたかも…」と思ったこともありました。また、そのころの心理職は“なんでも屋”で、私自身も受付事務、電話番、院長秘書、紹介状や手紙の代筆、薬局の雑用、セミナー手伝いなど、とにかく何でもやっていた覚えがあります。

その中で、ある患者さんの電話を院長か担当の先輩に回すという業務がありました。その患者さんは毎日何度も電話をかけてきて、怒鳴ったり、うめいたりすることも多かったので、新人の私はいつも恐々と対応していました。ある日、すぐに電話を回せない状況が起き、一旦切って待ってもらおうと対応していると「ちょっと待てお前！電話切ろうとしてるやろ！」と言われたことがありました。今から思えば、私の焦りが口調や声のトーンに出てしまっていたのだと思いますが、新人の私は、見抜かれた！と思ってハッとしてしまいました。そのときが、自分の心のあり様が言葉ではないところで相手に伝わるのだとはじめて感じた瞬間でした。その後からは、どんなときもまず話を聴こうと覚悟を決めて電話を受けるようにしました。すると回を重ねるうちに、最初はうめいていた患者さんも、私だと気づくと「すみませんよろしくお願いします」と落ち着いて電話を待ってくれるようになりました。この出来事は30年以上経った今もときどき思い出されます。

これらの経験全てが今の私の臨床の礎になっています。ときには迷いや疑問を持つようなこともあるかもしれませんが、どんな経験も10年、20年先に必ず自分の中で繋がることを信じて、長い臨床の道のりを一歩ずつ歩んで行ってもらえたらと思います。

# Ⅱ　テクニカルスキル

# 第3章

# 「かかわる」①　心理的アセスメント

上島奈菜子

皆さん、こんにちは（こんばんは)。私はこれまで、総合病院の小児科、公立高校のスクールカウンセラー、心療内科のクリニック等での非常勤勤務を経て、総合病院の精神科常勤心理職として勤務してきました。精神科業務はもちろんのこと、緩和ケアチームとしての活動やがん相談業務、麻酔科からの依頼によるカウンセリング、小児科からの依頼による心理テスト実施、糖尿病教室での心理教育など、総合病院らしく多職種連携を実践してきました。今は、主に大学で心理職を目指す学生の実習指導に携わっています。心理的アセスメント（以下、アセスメント）については、基礎や実践に関する知識・技術、それらを発達段階別、職域別に解説したものまで、丁寧にわかりやすくまとめられた書籍が数多くあります。他の章と同様に、ここでは、アセスメントのHow To（技法）ではなく、アセスメントの心（作法）について考えるきっかけとなるような話題提供を行うことができればよいなと思っています。「アセスメントって難しい！」ということをまずは皆さんと共有したうえで、各々が自分のアセスメントについて内省する機会になりますように。

## 1　アセスメントの魅力

### （1）人の心なんてわからない

心理職であることを伝えると、冗談まじりに「心を見透かされそう」「今、私が考えていることわかる？」と言われたことはありませんか？「わかったら苦労せんわい！」と思いながら、笑顔を作り「まさかー」と言うこと数知れず…河合隼雄先生も『こころの処方箋』で一番初めに、「人の心などわかるはずがない」というタイトルのもと「人の心がいかにわからないかということを、確信をもって知っているところが、専門家の特徴である」（河合、1998）と記載しておられます。

人の心に携わっていると、わからないことが多くもやもやすることばかりです。しかし、他職種からは、「心の専門家」として意見を求められます。私も、緩和ケアチームに所属したてのころに、「心理士さん的にはどう思う？」とカンファレンスのたびに（大変ありがたいことなのですが）話を振ってもらい、「わからない」とは言えず、「何とかもっともらしいことを話さなくては！」と、患者さんのことを「わかった（アセスメントした）」気になっていたことがありました。あのころに、第５章・第６章の「つながる」を読むことができていたら、他職種への返答の仕方、関係の築き方の悩みや不安が少し軽くなっていたかもしれません（第５章・第６章参照）。

「人の心は簡単には理解できない」と、誰よりも一番よく理解しているはずなのに、いつの間にか「わかった気になる」ことがよくあると、まずは自覚することが、アセスメントを行っていくうえで重要な心がまえではないでしょうか。心理学を学べば学ぶほど、わかるはずもないのに「わかった」気になる瞬間が増えるように感じることがあります。「かんじんなことは、目に見えないんだよ」という「星の王子さま」の有名なセリフがありますが、人の心も目で見ることができません。音を聞くこともできませんし、触って確かめることもできません。自分の心すらよくわからず、うまく付き合うことができないときがたくさんあるのに（今も、この原稿の締め切りが近く焦っているのに、SNSで片づけ動画を見ている自分に嫌気がさしています）、１時間ほど話をしたり行動を観察したり、いくつかの心理テストを実施しただけで、目の前の相手の心を、全部まるごと十分に理解することはできないでしょう。

当然のことではありますが、「クライエントの心の一番の専門家はクライエント自身」です。津川律子先生の「人が人を測ろうとするのは、ある意味で傲慢な行為である。それゆえ、心理テストを学ぶ人にもっとも必要な資質は、真摯さ・謙虚さといった人としての純粋性である」（津川、1998）という言葉をしっかりと心に留めて、目の前の人が自分の強みや可能性に気づき、少しでも生きやすくなる、そんなアセスメントについて考えてみたいと思います。

### （2）「その人らしさ」を理解するアセスメント

アセスメントと聞くと、まずは知能検査やロールシャッハ・テストなどの心理テストを思い浮かべるかもしれません。どうしても、大学や大学院のアセスメントの授業では、実践ですぐに役立つよう心理テストの種類や実施法を学ぶことが多いのではないでしょうか。しかし、皆さんもご存じの通り、心理テストはアセスメントを行う際の一つのツールでしかありません。

それでは、アセスメントとは一体なんなのか…定義や目的を整理してみたいと思います。アセスメントは、公認心理師法においては、第二条の定義「心理に関する支援を要する者の心理状態を観察し、その結果を分析すること」に該当します。これだけでは、アセスメントの魅力について十分に理解することは難しそうなので、『最新 心理学事典』の「心理アセスメント」（藤川、2013）の項を紹介したいと思います。

> 「心理アセスメントとは、臨床心理学的援助を必要とする事例について、その人格、状況、規定因などに関する情報を系統的に収集・分析し、その結果を総合して事例への介入方針を決定するための作業仮説を生成する過程をいう。心理アセスメントの目的は、①臨床過程においてクライエントを理解するうえで役立つ資料を提供すること、②問題を引き起こし、維持させている要因を分析すること、③介入を適切なものにするための基礎を提供すること、④介入の効果を検証すること、が挙げられる。」

> 「適切な心理アセスメントは、より正確なクライエントの理解をもたらすのみならず、クライエントの動機づけを高め、介入の効果を高めることにも貢献する。また、他職種のスタッフや関係者とのチームワークにおいても、心理職の専門性を伝え、作業を円滑に行なうことに役立つ。」

とてもわかりやすく、定義と目的、そしてアセスメントを行う意義を理解することができたのではないでしょうか。アセスメントの定義については人によって様々であり、「これだ」というものが定まっているわけではありません。ただ、おおむね上記のように、「臨床心理学的援助を行うために必要な「方針」を立てていくための一連の「過程」＝心理アセスメント」（津川、2020）と理解することができそうです。言葉や行動に表れていない（表れにくい）悩みの背景（生活歴、養育環境、性格傾向、知的能力、認知機能、ストレスへの対処方法など）にも着目する、全人的な視点が重要です。問題なく保たれている心理機能、強みや得意なことも「その人らしさ」を理解するために大切にしなければならないアセスメントポイントとなります。

また､森田（2017）は「セラピストが一方的にクライエントを知るのではなく、理解したことをフィードバックし、話し合って共有していく。その意味で、アセスメントは「かかわり」なのである」と述べています。当然ではあるのですが、アセスメントも心理支援と同様に、両者の関係性の影響を受けるということです。とくに心理テストを実施する際などは、ついつい「実施」自体が目的となり、「かかわり」であることを忘れて一方的な評価となりやすいことがありませんか？アセスメントにおいても「かかわり」であることをつねに意識しつつ、結果の解釈・分析時には関係性が影響している可能性についても丁寧に検討する必要があるでしょう。

どうでしょうか､アセスメントって難しい！と思いますよね。はい､私もずっとそう思っています。しかし、それと同時に、臨床場面での丁寧で細やかなアセスメントがもつ力や可能性を実感し、魅せられてもいます。

### （3）アセスメントの治療的側面

最近は、アセスメントの治療的な側面にも注目が集まっています。皆さんの中にも、アセスメント面談中に、あるいはアセスメント結果のフィードバックの際に、クライエントが涙を流し「わかってもらえてうれしかった」「すっきりした」と笑顔で帰られるという経験をお持ちの方がおられるかもしれません。このように、日常臨床でもクライエントに肯定的な影響や前向きな変化を与えるアセスメントを行う臨床家は数多くいるでしょう。Finn（2007 野田・中村訳 2014）は、協働的なかかわりを通してクライエントに治療的効果をもたらすアセスメントを「治療的アセスメント」として体系化しました。岩壁（2021）によると､「治療的アセスメント」は「アセスメントは誰／何のためにあるのか？」「アセスメントは客観的な情報をできるだけ多く集めて臨床家が正確な判断を下すことに終始するのか？」という問いを投じ、検査を受けることがひとつの治療のステップとなって、エンパワメントや自己理解に結びつくべきだとして、アセスメントの位置づけを大きく転換させたことに功績と革新性があります。

「治療的アセスメント」においては、心理テストをクライエントの何らかの客観的「真実」の指標とはみなさず、査定者がクライエントの立場に身を置くのを助けてくれる「共感の拡大鏡」としてみなし、クライエントに尊敬・配慮・関心の精神をつねに抱きながら、内側からその人を理解することを目指します（Finn, 2007 野田・中村訳 2014；高瀬、2020b）。詳細は、Finn（2007 野田・中村訳 2014）をご一読ください。

心理職を目指す学生と話をしていると、○○療法を学びたいという声はよく聞きますが、アセスメントを専門的に学びたいという学生は数少なく、それどころか、心理テストを敬遠しがちな学生が多い印象を受けます。あるとき、ケースカンファレンスの際に「知能検査を実施するのはかわいそうなので、今の段階で検査はしない」という発言を聞きました。「かわいそう」の理由を尋ねると「IQが出て、もし低かったらかわいそう」ということです。「アセスメント＝レッテル貼り」と理解している現実を目の当たりにし、アセスメントの本質を一緒に考えることができていなかったんだと猛省しました。

『治療的アセスメントの理論と実践』（Finn, 2007 野田・中村訳 2014）の翻訳者である野田昌道先生は、訳者まえがきで「この翻訳を通して本当に伝えたかったのは理論や技法ではなく、「治療的アセスメントのこころ」なのです」と記載しておられます。知識や技法を身につける前に、アセスメントに臨む自身の姿勢を省みて、あらためて「アセスメントとは何なのか」、自分自身でしっかりと考える必要がありそうです。

## 2　アセスメントの方法と心がまえ

アセスメントでは、面接、行動観察、心理テスト、生活記録、医学的（生理学的）所見など多様な方法を適切に組み合わせ、情報収集を行います。ここでは、面接、行動観察、心理テストを行うにあたり、臨床において大切にしたい視点やコツを中心にまとめてみたいと思います。

### （1）アセスメントを目的とした面接

面接では、対話を通じて、言語的・非言語的なやりとりから、多くの情報を得ることができます。面接に関する用語は、心理面接、アセスメント面接、インテーク面接など様々な表現がありますが、目的によって①心理支援における面接そのもの、②アセスメントを目的とした面接、の２つに分けることができます（津川、2019）。もちろん、治療的面接中にもアセスメントは行われますし、アセスメントを目的とした面接中にも癒し体験や関係の深まりなど治療的なコミュニケーションが生じることはありますが、ここでは、アセスメントを目的とした面接について重要なポイントをみていきます。

●情報収集＜治療関係

インテーク面接などのアセスメント面接をはじめて実施するときは、「多くの情報を得なければならない」ということで頭がいっぱいで、ともすれば「スーパーバイザーに怒られないように情報収集しないと！」といった気持ちが沸き起こるかもしれません。そんなときこそ「情報収集する」こと自体が目的とならないように意識することが大切です。クライエントは「はじめて会う人（心理職）に自分の悩みや弱い一面を話さなければならない」、そんな不安や恐怖、抵抗感を抱いているかもしれません。神谷（2013）は、アセスメント面接の目的として、「情報の把握」「見立ての提供」のほかに「不安の緩和」「関係の構築」を挙げています。「情報の把握」と「関係の構築」はどちらも重要で、車の両輪ともいえる要素であるとしながらも、「情報収集と治療関係のどちらかを優先しなければならないとしたら、まずは治療関係を優先すべきである。治療関係が構築されたならば、必要な情報は後の面接で得ることが可能である。しかしその逆は難しい」と述べています。まずは、クライエントの不安や抵抗を軽減し、治療関係の基礎を築けるような、あたたかな関係性を構築することが求められます。

とは言っても面接時間は限られており、時間配分を考えながら、心理的支援に必要な基本的情報を把握しなければなりません。クライエントが特定の事柄を語ることに夢中になってしまったり、面接者が意図した質問から答えが離れてしまったりした場合には、要約や言い換え、質問などの面接技法を用いながら、軌道修正を図ることも重要となります（関山、2020b）。事前にアジェンダを立て、クライエントと共有しておくことも有用でしょう。

### ●客観的事実と主観的事実の明確化

客観的事実とは、年齢、家族構成、成育歴、学歴、職歴などの普遍性の高い情報を指し、主観的事実とは、自己評価、心配事、信念、出来事に対する捉え方や意味づけなどクライエントの体験や認識にもとづく情報で、そのときどきの心情によって左右されやすいものを指します（松田・滝沢、2022a）。たとえば、「私は二人姉妹の長女です」は客観的事実ですが、「私は妹に比べて厳しくしつけられ、家族から期待されてきました」は主観的事実になります。主訴やその背景を理解するには、まず客観的事実として「誰が、何について、いつごろから、どのように困っているのか」を具体的に確認する必要がありますが、それと並行して、クライエントの主観的事実を明確にすることが重要です（遠藤、2019）。主観的事実は、本人の主観なのか、家族をはじめとした周囲の主観なのか、という点でわけてとらえることも必要でしょう。

はじめてのアセスメント面接では、客観的事実と主観的事実がごちゃまぜになって、受け身的にクライエントの話を聞くだけになってしまったり、逆に、客観的事実をリスト順に尋ねるばかりで、クライエントがその事実をどのように捉えたのか、何に苦しんでいるのかを把握できていなかったり…そんな状況に焦って頭が真っ白になる、ということがありますよね。そんなときは、クライエントが語る情報には２つの事実が存在していることを思い出し、少し間を取って整理してみると、どんな対話をすればよいのか、道筋がみえてくるはずです。忘れてはならないのが、心の問題の多くは主観的な経験に伴う問題であり、まずは「当人の苦しさ」に焦点を当てることが重要だということです（斎藤、2018）。

### ●非言語的なメッセージと言語的なメッセージの一致度合い

「目は口ほどに物を言う」ということわざがありますが、感情が伴うコミュニケーションの際には、ときとして、言葉以上に、非言語的な情報によってメッセージが伝わります。そのため、非言語的なメッセージに注目することは、当然ながら重要ですが、ここでのポイントは、言語的なメッセージと非言語的なメッセージがどれくらい一致しているのか、という点です。つらい出来事を、肩を震わせ下を向き小さい声で話すのか、へらへらと少し笑みを浮かべながら冗談っぽく話すのか、これは、見逃してはいけない重要なアセスメントポイントです。言語的メッセージである語られた内容と非言語的メッセージである表情や態度を照らし合わせて観察することで、クライエントの心理状態の見立てを練り上げていくことが重要になります（遠藤、2019）。

### ●「なぜ今なのか？」への注目

「いつやるか？今でしょ」という名文句が流行りましたが、アセスメント面接においては、「なぜ今なのか」という視点が有用です。発熱や痛みなどの身体症状であれば、身体の異変を察知してすぐに病院に向かうでしょう。しかし、心の不調については、こんなことで受診してもいいのかなとためらっているうちに、しばらくしてやっと、ということが少なくありません。「なぜ今なのか」と考えることで、本人の現在の苦しみや悩み、きっかけとなった出来事のほか、心の問題に対する本人や周囲の捉え方、相談することへの抵抗の程度、自分の状態をモニタリングする力、社会的なサポートの有無など、アセスメントに役立つ多くの情報を得ることができます。とくに「なんとなく」「わからない」といった返答だった場合は、のちにお伝えするトラウマインフォームド・ケアなど、多角的な視点をもってアセスメントを進めていく必要があるでしょう。津川（2018）は、「その方の歴史のなかで、この瞬間がどのように位置づけられているのか、ここに来るまでどのように生き抜いてきたのか、今の自分をどう捉えているのか、今こうやって話していることが本人にとってどのような体験となっているのかを積極的にアセスメントすることが必要である」とし、「今なぜ」をとらえる視点の重要性を述べています。

「なぜ、つらいことがあったのに笑っているんだろう」「なぜ、家族関係について話すとき、下を向くことが多いのだろう」「なぜ、今この話を始めたのだろう」と、些細な違和を感じ取ることができるよう、日ごろから人の行動に関心を持つこと、そして、どんなことにも疑問を持ち考え続けること、これらがアセスメントの力を伸ばす一番の方法ではないかと思います。

ただ、注意すべき点は、考えたままに「なぜ？」と直接クライエントに質問することがよいわけではない、ということです。むしろ、神田橋條治先生は、受け取る患者側の精神機能の状態によるものの、「なぜ」「どうして」には、「叱責（なぜだ！）」、「強要（なぜ〜しないの）」、「吊し上げ（団体交渉風のいじめの場面：なぜなんだ！）」などの作用があり、精神機能の弱体化した患者に用いるのは禁忌と考えておく方が無難である（神田橋、1994）、と述べています。また、「なぜ」を多発するということは、情報収集作業において全面的に患者に依存しているということであり、患者が的確に答えてくれなかったときに、面談者側に欲求不満が生じやすいことを指摘しています（神田橋、1994）。「なぜ」が有益に機能する場面はあるものの、「面接における問い方の技術を向上させたいと願っている人は、「なぜ」「どうして」を禁句として面接を工夫するとよい。はじめはなかなか苦しいだろうが、次第に面接の技術が向上し、なにより、毎日の患者との面接が生き生きと充実したものに感じられてくるであろう」（神田橋、1994）とのことです。「なぜ」と考えつつ、相手の状況に合わせて質問の仕方を工夫し続ける…当たり前のことですが、うー難しいですね…。

### ●アセスメント面接用の記録シートの作成

面接には、構造化面接、半構造化面接、非構造化面接といった方法がありますが、限られた面接時間で必要な情報を収集する場合には、あらかじめ質問内容を決めておき、相手の反応によって質問を追加したり修正したり臨機応変に対応する、半構造化面接の考え方が適しているといわれています。インテーク面接を実施する多くの機関で、成育歴をはじめとした収集すべき必要事項が列記された記録シートが作成されていることでしょう。滝沢・松田（2022）は東京大学大学院の心理教育相談室で用いられているインテーク面接シートを掲載しており、大変参考になると思います。

おすすめなのは、様々な相談機関の記録シートを参考にしながら、独自の記録シートを作成するということです。たとえば、私が勤務していた病院にジェンダー専門外来（性別の違和感に悩む方が多く来院される外来）があり、（予診的な意味合いが強い）インテーク面接を行っていました。成育歴や生活歴において、幼少期の具体的な遊びや好きなアニメ、体育の授業の着替えや修学旅行での困り事など、詳細に尋ねた方がよい項目がいくつかありましたので、それを追加した記録シートを使用していました。たとえば、福地（2017）は、がん・緩和ケア領域で重要となるアセスメント項目を掲載しています。必須項目に加えて、面接の目的や対象者、相談機関の実情、心理職に求められている役割に合わせてアレンジする必要があります。

### （2）行動観察

行動観察では、相手の行動を実際に観察することにより、情報収集を行います。観察の方法としては、条件統制の有無によって実験観察法と自然観察法に、観察者の場面へのかかわり方によって参加観察法（参与観察法）と非参加観察法にと、様々な観点から分類することができます（関山、2020a）。乳幼児をはじめ、面接や心理テストの適用が困難な場合はとくに有用です。また、面接や心理テストの場面においても行動観察は行われ、表情、声の大きさ、声のトーン、話すスピード、姿勢や体の動き、服装、髪型、におい、持ち物、（親子で来院しているならばその）関係性などに注目します。「言葉で」何を語ったかよりも、「非言語的な情報で」どう語ったかの方が多くの情報を得られる可能性があり（松田・滝沢、2022a）、行動観察の重要性は皆さんも日々の臨床で実感していることだと思います。すでに実践している人も多いとは思いますが、臨床上のコツとしては、面談や心理テストの場面だけではなく、来院時の様子、受付での様子、待合室での様子もしっかりと観察することです。直接観察することが難しい場合には、受付を担当した方に尋ねることで、「落ち着きなくウロウロしていました」「大学生だけど、親子でぴったりくっついて座っていましたよ」など、本人の様子や家族との関係性について有用な情報を多く得ることができるはずです。

### （3）心理テスト――実施する検査者に求められること

雑誌等によく掲載されていますよね、「面白いほどよく当たる！自分では気づけなかった深層心理！」的な感じの心理テスト、友だちと盛り上がって関係性を深める分には楽しいツールです。

それでは、私たちが臨床実践で用いる心理テストと一体何が違うのでしょうか…ということは言うまでもないことでしょう。高瀬（2020a）が的確に心理テストを定義した文章として、心理学事典の「検査」（池田、1981）の項目の一文を挙げており、大変わかりやすいため、ここでも紹介したいと思います。

「心理学で用いられる検査は、能力、知識、技能、その他の心的特性の存否や程度を明らかにする目的で、一定の条件の下にあらかじめ定められた問題や作業を課し、被検査者の行動やその成果を所定の観点から一定の標準に照らして質的あるいは量的に記述する組織的方法をさす。」

つまり、アセスメントで用いる心理テストは、多くの人の反応を標準化して作成され、結果の信頼性と妥当性が保証されている点が、上記のような心理占いのようなテストと異なる点です。

ここでは、心理テストの用語や種類、検査方法の詳細ではなく、松田（2020、2021）が示している検査者に求められる能力（検査者能）に基づき、心理テストの実施において留意すべきことについて簡単な具体例を交えてまとめたいと思います。

松田（2020、2021）は、検査結果の質は、「検査能」と「検査者能」によって決定されると述べています。「検査能」とは、検査の性能のことであり、検査の妥当性、信頼性、臨床的有用性によって評価されます。「検査者能」とは、検査者の技能のことであり、「面接能」「測定能」「評価能」「報告能」「管理能」の５つの技能が含まれます（表３－１）。

●面接能――クライエントの動機付け、高める努力していますか？

面接能とは、受検者の心を開き、持てる力を最大限引き出す能力、つまり、ラポールを形成し維持する力です（表３－１）。たとえば、小さい子どもの検査を実施する際など、皆さん何か工夫をされていますか？私は、普段着用している白衣を脱いで検査を実施することがよくあります。“白衣を着ている人＝痛いこと（注射など）をする人”という認識の子どもは少なくありません。老眼鏡や子ども用の椅子（回転しない椅子）を準備しておいたり、補聴器や眼鏡を持参するよう事前に受検者に伝えておいたりといった検査場面の整備のほか、検査前にちょっとした雑談をするといったコミュニケーションの工夫などは、安心感や動機づけの向上につながるでしょう。こうした少しの配慮と気遣いは、

表３-１　検査者能（検査者に求められる技能）

| | |
|---|---|
| **面接能** | **受検者の心を開き、持てる力を最大限引き出す能力（ラポール形成と維持）**<br>検査に伴う侵襲性に配慮しながら、受検者の不安を取り除き、評価懸念を軽減させ、自尊感情に配慮し、ラポールの形成とその維持を行うという、安心して受検できる状況を作るために不可欠な能力であり、インフォームド・コンセント（説明と同意）とアカウンタビリティ（説明責任）においても発揮される必要がある。 |
| **測定能** | **正確な測定を行う能力**<br>マニュアルに沿って正しい方法で検査を行うという基本をふまえたうえで、受検者の疲労度や心身機能の制約、受検者のためにどのような情報を得る必要があるのかといった真の検査目的を考慮し、状況に応じて実施法を選択する判断力と実行力を含む。 |
| **評価能** | **検査結果を冷静かつ合理的に解釈する能力**<br>検査の中には、採点の一般原則や一般基準および採点例を基準に、受検者の回答を評価しなければ採点できない項目がある。反応をどう評価するかで検査結果が変わるため、採点における妥当な評価が検査結果の質を決定することになる。 |
| **報告能** | **検査結果を受け取り手にふさわしい形式と内容で伝える能力**<br>受け取り手の専門性や立場に応じて、報告書を作成したり、受検者あるいは関係者に適切に説明（フィードバック）する力も含まれる。 |
| **管理能** | **検査実施の全過程を管理する能力**<br>検査目的に合致した検査バッテリーを組む力、検査実施から報告までのスケジューリングを行う力、検査開始後の中断・中止を判断する力、実施済み検査用紙の保管処分にかかわる力などが含まれる。また、視覚や聴覚、上肢の運動機能の制約のために標準的な実施法による測定が困難な場合、受検者の心理機能を詳しく評価するために、あえて実施法を変更し、変更後の反応を定性的に評価することがあるが、こうした変更の必要性や可否を判断する力も含まれる。 |

出所：松田（2020、2021）を参考に作成

ラポールの形成も助けてくれるはずです。

●測定能――臨機応変な対応、できていますか？

測定能とは、正確な測定を行う能力、つまり、真の検査目的を考慮し、状況に応じて実施法を選択する判断力と実行力です（表３－１）。たとえば、選択性緘黙の子どもが来院し、知能検査を実施することになりました。言葉を用いたやりとりが必要なWISC-V知能検査の実施は難しそうですが、皆さんであればどのように対応されますか？

知的能力の評価のみを目的とするならば、言葉での回答を必要としないコース立方体組み合わせテストを実施することも一つかもしれません。しかし、音

声としての言葉を用いたやりとりは難しかったとしても、筆談、パソコンやタブレット端末を使用しながらWISC-Vを実施し、言語理解能力に関する情報を得た方が、より多面的なアセスメントが可能となるのではないでしょうか。

当然ながら、標準化された実施・採点の方法に変更を加える場合は、記録用紙に記載し、検査結果の解釈時に考慮する必要があります。推定値として算出した場合は、その旨を報告書に記載する必要もあるでしょう。標準化された実施法ではない場合、子どもに意図しない手がかりを与えていたり、測定したい能力を正しく評価できていなかったり（たとえば、数唱を視覚的な形式で実施すると、聴覚記憶ではなく視覚記憶の測定となるなど）することもあり、検査得点に及ぼす影響を十分に理解しておかなければなりません。また、選択性緘黙の子どもの場合、対人緊張の強さが結果に影響を与え、知的能力を過小評価するような得点となる可能性もあるため、行動観察を丁寧に行ったり、養育者と面談し家庭での言語理解能力を評価したりしながら、数値などの量的情報とその他の質的情報を総合的に検討する必要があります。

実施法の変更には慎重さが求められますが、「受検者の今後にとってもっとも役に立つ、今必要なアセスメントは何か」という視点を忘れず、状況に応じて判断することが重要になります。頭がぼーっとするといった風邪症状や腕の骨折など将来的に治癒が見込める場合は、緊急性等の状況にもよりますが、本来の能力が発揮できるようになってから心理テストを実施するといった判断もできますよね。

WISC-V実施・採点マニュアル（ウェクスラー著、日本版WISC-V刊行委員会訳編、2021）には、「身体障害などで特別な支援を必要とする子どもに対する検査実施」について、検査を実施する際の留意点等が記載されていますので参考にしてください。身体障害だけではなく、日本語を母国語としないクライエントについても、同様の配慮や実施法変更の判断が求められます。

### ●評価能――採点や記号化、適当になっていませんか？

評価能とは、検査結果を冷静かつ合理的に解釈する能力、採点や記号化にまつわる検査結果の質にかかわる能力です（表３－１）。ウェクスラー知能検査の言語理解指標を構成している下位検査のほか、ロールシャッハ・テストなどの投影法検査においても、評価能が強く求められるでしょう。たとえば、WISC-Vの「単語」の採点で、検査者とスーパーバイザー（SV）の間でこのようなやりとりがあったとします。

SV：これはなぜ0点にしたのですか？

検査者：マニュアルに記載がなかったので。

SV：明らかな誤答には思えないけれど、単語の意味は辞書で調べましたか？

検査者：調べてないです。でも、なんとなく意味が違うかなと思って。

…あってはならないことですが、心理テストを実施すればするほど「採点を適当にこなす」「この一つの点数がちょっと違っていたところで」という感覚に陥ることはありませんか？あらためて強調することではないですが、心理テストは実施法や採点法が定められており、正確に理解した上で実施・採点することで客観性や安定性が保証されています。心理職が一人の職場で、すぐに採点や記号化について尋ねる人がいなくても、そう判断した基準（もちろんマニュアルにもとづいた基準）をもち、誰かに尋ねられたときに明確な理由を答えられるようにしておく必要があります。一つ一つの採点や記号化に責任をもたなければ、せっかく正確に検査を実施しても、検査結果を活かすことができなくなります。心理テストに関する研修会に参加したり、スーパービジョンを受けたりするなど、評定者間の信頼性の向上を目指す努力をし続けなければならないということですね…一緒に頑張りましょう。

●報告能——結果出して終わり、になっていませんか？

報告能とは、検査結果を受け取り手にふさわしい形式と内容で伝える能力です（表3－1）。たとえば、「他の病院（機関）でも心理テストを受けましたが、結果は教えてもらっていません」「IQの数字だけ書いた紙をもらいました」と話すクライエントに出会ったことはありませんか？他機関から紹介状とともに送られてきた心理テストの報告書を見て、「何を伝えたいのかわからない…」「枚数だけがやたらと多い」と思ったことはありませんか？そんな経験をするたびに、「自分の報告書は伝えたい人に伝えたいことがちゃんと伝わっているのか？」と不安になり、びくびくしながら報告書の最後に自分の名前をサインする、そんな人も少なくないはずです。一方で、心理テストの結果を伝え話し合う中で、「薄々思っていたことが（報告書に）書いてあって、びっくりしました。理解してもらえたことが嬉しいです」「子どもの今の状況がわかり、少し希望が持てました」などと、笑顔になって帰っていくクライエントやご家族を見て、アセスメントが持つエンパワメントの力に驚き、嬉しく思うことはありませんか？

どれだけ丁寧に面接や行動観察を行っても、どれだけ正確に心理テストを実施しても、報告書の作成やフィードバックを適切に行わなければ、残念ながら、支援につながるアセスメントを行ったことにはなりません。野田（2021）は、フィードバックの必要性が当然視されるようになったのは比較的最近であり、「依拠する技法や理論的立場によって論調は異なるものの、たとえば、心理テスト（とくに投影法）にはクライエントが意識していないことを明らかにする性質があるのだから、安易にその結果を提示すれば、クライエントは見たくない自分に直面させられたり、見透かされているという不安を高めたりするのではないか」といった主張をはじめ、「1980年代まではフィードバック慎重論（あるいは反対論）が主流だった」と述べています。報告書を作成し、その後、心理職がフィードバックを行うということについて、まだまだこれから心理職全体として、実践や研究を積み重ねなければならない領域でもあるといえます。私自身、勉強不足だと自覚していますが、以下に、報告書の作成やフィードバックにおいて重要なポイントをまとめてみたいと思います。

**①関係性を考える**

アセスメントはクライエントとの共同作業であり（森田、2017）、フィードバックにおいてもっとも大切なことは、一方的に伝えて終わらせるのではなく、話し合うことです（竹内、2009）。野田（2021）は、「クライエントからの疑問、反論、意見が出されないときには、協働関係が十分築けていない可能性を疑ってみたほうがよい」と述べ、安心して質問できるような協働的関係の構築を重視しています。「質問はありませんか」と尋ねた際の反応で、検査者とクライエントの関係性をあらためてアセスメントする必要があるでしょう。他職種に伝える際も同様に、まずはお互いに理解し尊重し合える関係性かどうか、考えてみる必要がありますね。築けていないかも、と思った方は、ぜひ第５章・第６章の「つながる」を参考にしてください。

### ②伝える相手に配慮する

伝える相手は、基本的には検査を受けたクライエントですが、発達・知能段階、判断能力などによっては家族に対して伝えることもあります。また、クライエントの同意を得たうえで、会社の上司や学校の先生など、本人を取り巻く関係者に伝えることもあるでしょう。病院などでは、依頼者である医師や、クライエントの治療や支援に携わる看護師、ソーシャルワーカーといった他職種に報告したり、カンファレンスで共有したりすることも多いでしょう（もちろん、クライエントと情報共有について事前に話し合っておく必要があります）。対象者によって、伝え方や伝える内容に配慮すべきことは言うまでもありません。場合によっては、クライエント向けと医師向け、両方の報告書を作成することもあります。

いずれにせよ、まずは相手のニーズを踏まえた報告書の作成やフィードバックを目指す必要があります。クライエント本人が考える受検理由や、医師の依頼理由をこちらが十分に理解する必要があり、まずは率直に尋ねてみることが大切です。心理テストの際にクライエントに尋ねても「医師に言われたから」という答えが返ってくるかもしれませんが、心理テストに何を期待するのか（今何に困っていて、心理テストを通してどういったことを知りたいのか、あるいは何を知ることができれば少し楽になりそうなのか）、心理職があらためて尋ねることは、受検への意欲を高めると同時に、報告書作成やフィードバックの際の道しるべになり得るでしょう。

なお、加藤（2017）は、異なる専門性をもつ多職種との情報共有について、心理職からみて、今・ここで、誰に何を伝えることが患者（家族）の益につながるかを考える必要があり、①どんな目的で、②何を、③誰に、④どのような方法で、⑤どのような効果を期待して、という点を押さえ、伝えようとする側の準備と意図を明確化することが重要であると述べています。多職種との情報共有だけではなく、報告書の作成やフィードバックにおいても、相手の益につながるよう、この５点を押さえ、伝える準備をすることは必要でしょう。

そして、何よりも大切なことは、“相手を傷つけない”ことです。疾患名が代表的ではあると思いますが、病院で勤務していると当然のように用いる言葉も、一般の人からすると強烈なインパクトをもっていたり、誤って理解されやすかったりするものがあります。「IQの数値が独り歩きする」などとよく言いますが、相手の知識や状況に応じて情報を補足しなければ、誤解されたり、相手を傷つけたりする可能性があります。普段から、言葉がもつ影響力を考えて、適切な場面で適切なタイミングで使用できるよう意識しなければなりません。

そして、相手を傷つけないためには、“受け入れの準備段階”に配慮する必要があります。アセスメントの結果には、これまでクライエントが心理的に直面するのを避けていたテーマや考え、感情などが含まれることがあります。直面化は痛みを伴う場合があることは、ご存じの通りです。受け入れる準備ができていない段階で伝えることほど、危険なことはありません。信用を失い、関係が悪化する…だけにとどまらず、今後、心理職をはじめ、誰かに助けを求めること自体をやめてしまうかもしれません。報告書やフィードバックの内容が、相手にとって受け入れられる内容であるのか、受け入れられるためにはどのような表現を用いたらよいのか、どのようなタイミングで伝えたらよいのか、考えましょう。受け入れの準備段階に配慮する必要があるということを、他職種としっかり共有しておくことも大切です。

**③伝える内容を吟味する**

竹内（2009）は、心理テストの結果をスタッフに報告する際に盛り込むべき内容として、①クライエントが抱えている問題についての理解、②クライエントが持っている変化への可能性の２点を挙げています。これらは、スタッフへの報告だけではなく、クライエントへの報告においても重要な視点ではないでしょうか。潜在的な能力や目前の問題によって見えなくなっていた受検者の強みを伝えることは、それ自体治療的な意味をもたらすことがあります（松田・滝沢、2022b）。その人の短所や課題について言及する際にも「一時的に意欲が低下している状態にあり～」や「心理的に負荷がかかると～」といった一言を加えるだけで、クライエントのパーソナリティ全体ではなく、特殊な状況下において生じている課題であることを伝えることができるでしょう。

テスト・バッテリーを組むと、一見矛盾したように思える検査結果となる場合があります。矛盾した内容を、総合的なまとめとして、いかにその人のストーリーとして紡ぐことができるのか、そこが心理職の腕の見せどころです。また、面接や行動観察等の情報と合わせて検討することで、受検者が自己をどのように知覚しているのか、セルフモニタリングの程度なども把握することができます。報告書の作成の際には、こうした情報を一つずつ吟味し、各検査ごとの所見を記載します。そして最後には、対象者の全体像をイメージできるような“まとめ所見”を作成することで、「その人らしさ」が反映された報告書となるはずです。

**④伝え方を工夫する**

「専門用語を多用せず、わかりやすく伝える」こと以外にどのような工夫ができるでしょうか。野田（2021）は、「どうするとわかりやすくなるかは、クライエントによって様々で、単刀直入に重要な点を取り上げた方がよい場合もあれば、外堀を埋めるように論理的に進めていった方がよい場合もあるだろう」と述べています。また、「忘れてはならないのが、心理アセスメントの結果が絶対に正しいものであるかのような話し方はしないことである」とし、結果はあくまで仮説として提示することの重要性を強調しています。

私の場合、伝え方の工夫としては、クライエント本人はもちろんのこと、他職種に伝える際にも、できるだけ報告書とともに、口頭で伝えることを心がけてきました。忙しさにかまけて、紙面あるいはカルテ上でのやりとりとなりがちかもしれませんが、実際に顔を見合わせて対話することで、相手が結果をどのように受け止めたかを確認することができます。レッテル貼りや数値の独り歩きを防ぐことにもつながるでしょう。職種による着目点の違いを話し合うことで、より多面的な理解や有効な支援にもつながります。

また、伝達手段として、パソコンやタブレット端末を用いて視覚的に伝えたり、メタファーを用いたりすることで、わかりやすく伝えることができる場合があります。心理教育を行う際の様々なメタファーは、フィードバックの際にも有効ですので、書籍等に記載されているものをストックしておくことをおすすめします。

もっとも重要なことは、「心理テストを受けてよかった」「ここに来てよかった」と思ってもらえるよう努める、ということではないでしょうか。指導教官によく言われていたことで、私自身、臨床を通じてもっとも大切なことだと思っています。精神科や相談機関を受診する人の中には、相談の経験が残念ながらポジティブなものとならず、「相談してもどうせ…」「相談しても意味がない」と相談することへの失望、諦めの気持ち、無力感、憤りなどを抱いている人もいます。私たちは、ある人にとって、“はじめての相談者”となるかもしれません。相談することがネガティブな体験とならないよう、次また何かあっても相談しようと思ってもらえるよう、心理テストの実施から報告まであらゆる面において配慮することがもっとも重要なことではないでしょうか。

### ●管理能――アップデート、してますか？

管理能は、検査実施の全過程を管理する能力です（表３－１）。その他の４つの能力と重なる部分があるため、管理能の項目では、心理テストのアップデートの必要性について考えていきたいと思います。もっともわかりやすい例としては、ウェクスラー系の知能検査でしょうか。ご存じの通り、理論背景の更新に伴って、課題内容や下位検査の構成、適用年齢の拡大や検査時間の短縮、教示の明確化など様々な改良が行われています。比較的使用頻度が高く、改訂されるたびに注目されるような検査は、最新版にアップデートしなければ、と検査者側も意識しやすいでしょう。しかし、その他の検査についても、検査の理論背景を理解し、解釈の際に留意する必要があります。たとえば、AQ日本語版自閉症スペクトラム指数（以下、AQ）は、日本人を対象に信頼性と妥当性が確認された尺度であり、医療機関をはじめスクリーニング検査として使用することも多いでしょう。ただ、ASD（自閉スペクトラム症）の概念も変遷しており、約20年前のAQ作成時に想定されていたよりも、様々な特徴を持つASDの存在が明らかになってきました。たとえば、AQの項目には、単独での行動を好み社交的ではない特性が反映されていますが、近年ではASD者の社会的関心の高さや過剰適応を示す傾向が報告されています（Bishop & Seltzer, 2012；本田、2018）。また、ASDに関するアセスメントや支援は、多数を占める男性症例を反映したものが多くASD女性が見逃されやすいこと（砂川、2016）や、ASD傾向が強い者ほど自分の特性や状態を客観的に認識することが難しくAQのカットオフ得点を下回りやすいこと（川久保、2016）なども明らかになっています。使用する検査者側の責任として、検査を用いる利点と限界を把握し、「カットオフ得点を超えたからASD特性がある」などと盲目的に判断しないように気をつけなければなりません。

使用する検査のマニュアルを入念に読み込むほか、当該検査を用いた近年の研究動向を把握し、測定する概念や症状等の時代的な変遷等を意識する必要があります。検査の目的（開発背景）、適用範囲、利点と限界、精度（信頼性・妥当性）、改訂状況等を含めて検査を深く理解することは、検査の正確な実施や解釈において必須となります。

## 3　アセスメントに有用な視点

アセスメントの機能コンピテンシー（心理職が担う職務における技能）は、「個人、グループ、共同体とかかわる問題、能力、関連する事柄に関して客観的に心理的アセスメントし、示唆に富んだ解釈をすることができる。様々な心理的アセスメントツール、手法の強みや弱みを理解し、クライエントのニーズにもっとも適したバッテリーを組み、適切なやり方で実施し、効果的なやり方でその結果をコミュニケーションできる」（岩壁・金沢・村瀬，2018）ことです。このコンピテンシーを高める、とくに、アセスメントにおいて示唆に富んだ解釈をするためには、アセスメントにまつわる基本的な知識や技能だけでなく、時代に伴い変化する理論や概念を学び続ける必要があります。

### （1）生物 – 心理 – 社会モデル――「生物」を制してこそのアセスメント？

皆さんもご存じの通り、目の前のクライエントを理解するためには、生物的、心理的、社会的要因を、そしてその相互性を考慮する必要があります。多職種との連携が重視される昨今、生物–心理–社会モデルは連携の共通言語です。ここで、私たちが気をつけなければならない点は、心理の専門家として「心」をアセスメントしようとするあまりに、身体的な疾患や症状を見落としていないか、ということです。解離症状だと思っていたけれど、じつは、脳梗塞を発症していた…これは、考えてみれば（考えてみなくても）、とてもとても恐いことです。

がん医療の領域では、患者さんが心理的な苦痛を訴えた際でも、まず最初に、その苦痛が身体症状からきているのではないかという点を考えることが重要であり、図３－１に示すような順序でアセスメントを行うことが推奨されていま

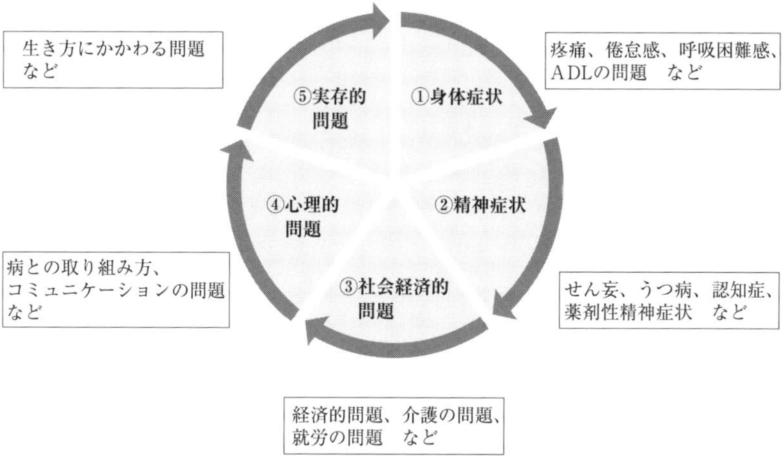


**図3-1 アセスメントの順序**

出所：小川（2010）（一部改変）

す（小川、2010）。図には、がんをはじめとした身体疾患で生じやすい問題が例として記載されていますが、アセスメントの順序を考えるうえで、どの領域で勤務する心理職においても参考になる図です。とにかく、まず一度は“身体疾患の可能性を頭に浮かべる”必要があるということを忘れないようにしたいですね。

また、“見落とさない”ことの重要性は、統合失調症をはじめとした精神疾患でも同様です。「テレビで自分のことが報道されている」「すれ違う人全員が自分の悪口を言ってくる」など、統合失調症を疑いやすい症状であれば見落とすことはないかもしれません。しかし「いつもより人の視線が気になる」「ちょっとした音が気になり、テレビを見ることができなくなった」といった訴えの場合、「ストレスがたまって、過敏になっているのかな」と考えてしまいませんか？心理職として、まず一度は統合失調症の前駆症状（不安、抑うつ、強迫症状、不眠、活動性の低下など）を頭に思い浮かべることができるかどうか、が重要だと思います。主訴の内容やその他の症状を丁寧にアセスメントし、場合によっては、本人や家族に十分な配慮をしたうえで、面談で家族歴を確認したり、心理テストを実施したりすることが必要かもしれません。統合失調症においても早期の適切な介入が予防や予後の改善に有効であることは知られており、医療保健分野だけでなく、好発期である思春期の学生支援に携わる心理職においても重要な視点ではないでしょうか。

### （2）トラウマインフォームド・ケア――トラウマのめがねをかけよう！

トラウマインフォームド・ケア（TIC）とはつまり、“トラウマのめがねをかけよう”ということです。TICを推進する米国保健福祉省薬物乱用・精神衛生サービス局は、TICの４つの前提条件として、①トラウマについての理解、②トラウマの兆候や症状の認識、③適切な対応、④積極的な再トラウマの予防を挙げています（Substance Abuse and Mental Health Services Administration, 2014）。抑うつ症状や不安症状など様々な精神症状を主訴として来院したクライエントのアセスメントを進めていくと、背景にトラウマ体験が関連していると思われるケースが多くみられます。トラウマ体験は、PTSD（心的外傷後ストレス障害）の診断基準を満たすような人生を脅かすトラウマだけではありません。EMDR（眼球運動による脱感作と再処理法）では、命の危険を伴うレベルの体験ではないものの、長期にわたって苦痛をもたらすような、不適応な人生の教訓を得てしまう心的外傷を「スモールt」と呼び、治療の対象としています（Paulsen, 2017）。

精神科で勤務していたころ、難治性うつ病の患者さんのアセスメントにおいて、トラウマインフォームド・ケアの視点の重要性を学びました。アセスメントを進めると、こちらが驚くようなトラウマ体験が語られ、「他の病院で治療を受けているときにこの話をしなかったのか」と尋ねると、多くの患者さんが「聞かれなかったから」と答えていました。トラウマ体験を語ることへの抵抗感や躊躇する気持ちはとても自然です。性暴力や親からの虐待など、強い自責感や恥辱感をもたらすようなトラウマ体験の場合はとくに、他の人に相談しづらいことは一般的によく知られています。また、トラウマの体験者に多くみられますが、自分たちの体験が、今の症状にまったく関係がないと思っている場合、上記のように「聞かれなかったら」自ら話すことはないため、アセスメントはより難しくなります。私は、TICの視点を持つことの重要性を教えてくれた先輩から教わった一言、「他に何か気になることはありませんか？○○さんの症状について理解するために私がうかがっておいた方がよいことはありませんか？」と尋ねるようにしています。トラウマインフォームド・ケアの視点を持ってアセスメントできるかどうかによって、その後の支援の方向性が大きく変わります。アセスメントにおいて一番重要で難しいことは、「話をしてもいいかな」と思ってもらえるような安心で安全な関係を作ることかもしれません。

◇Q＆A◇

**Q 心理テストは必要ないと職場で言われました。**

A 心理テストの必要性については、アセスメントの目的によって、クライエントの状況によって検討する、ということは大前提として…「面接で十分なアセスメントができる」という意見もあるでしょう。経験を積めば積むほど、面接で多角的なアセスメントが可能となり、そのように考えることは自然なことなのかもしれません。ただ、どうしても面接は、自分のオリエンテーション（専門分野）や経験によって影響を受ける側面があります。それが専門家の強みでありよい面でもあるのですが、心理臨床の経験が浅く、アセスメントに必要な臨床上のコツがまだまだ身についていないときには、心理テストをうまく活用してみてはいかがでしょうか。適切な場面で適切なテストを選択し正しく使用すれば、初学者であっても、一定の精度が保たれた客観的な情報を得ることができますもんね。また、たとえば、うつ症状を測定する心理テストの質問項目は、うつ症状の理解において重要な情報で構成されています。心理テストを使用できない場面（クライエントが心理テストに拒否的である、所属している機関で心理テストを実施できないなど）でも、心理テストに関する知識を持ち、アップデートし続けていれば、アセスメント面接の際に質問すべきヒントが見つかるでしょう。繰り返しになりますが、クライエントにとって有益となるアセスメントとは何か、“自分で”しっかり考える必要があるように思います。

**Q 報告書がうまく書けません。文章力はどうすれば身につくのでしょうか。**

A それは、私も同じです（泣）。語彙は少ないわ、文章はうまくないわ、そもそも心理学に関する知識も不足していると思うし…考えただけで泣きそうになります。…そういえば、指導教官から「天声人語」を勧められ、読んでいたことがあります。天声人語でなくてもいいと思うのですが、どの新聞の１面にもありますよね、コラムのようなもの。ちなみに、天声人語は、その時々のニュースの他、季節の話題や旬の話題も交えての時事コラム、603 文字で書くというルールがあるようです。指導教官の教えは、短い文章の中で、いかにわかりやすく、伝えたいことを伝えるかという点で、報告書に通ずるものがあるということだったのでしょう。天声人語を執筆している方のインタビュー記事（朝日新聞：担当記者に聞く、「ちょい読み」／天声人語）に、このような文章がありました。「書くときには「書きたいこと」「書くべきこと」「書けること」の３つを闘わせます。書きたいと思っても、それを支える材料をもっているか、納得させられることなのかが重要」とのことです。私たちが報告書を作成する際にも、この３つの視点が役に立つかもしれません。「（クライエントの）その人らしさ」を伝えるために、「書きたいこと」は大切です。書きたいと思っても、情報が不足しているぞ、となった際には、追加で心理テストを実施したり、面接をしたり、他職種に話を聞きに行ったりする必要が出てくるかもしれません。「報告能」でお伝えしたように、相手の受け入れ準備段階など、あらゆる面に配慮をしたうえで、「書くべきこと」と「書けること」を、まずは箇条書きで構いませんので、書き出してみましょう。「書きたいこと」とつき合わせて、うーん、うーん、と悩んでいるうちに、少しずつ道が開けてくるはずです。と、ここまで書いて、まったくアンサーになっていないことに気づきました（汗）。でも、報告書作成における文章力向上のコツは、日々頭を悩ませながら、書いては書き直し、を繰り返すしかなさそうです。書いた報告書を一日置いて、次の日にもう一度読んでみること、これはおすすめです。書いていたときには気づかなかった矛盾点に気づいたり、新たなアイディアが閃いたりすることがあるので、書いてすぐの提出は避けた方がよいと思います。なので、余裕をもって報告書作成に取りかかる、ということは重要なポイントでしょう。また、同僚や先輩・後輩の報告書を見せてもらい、言葉の使い方、やわらかな文章表現など、ぜひともパクらせていただきましょう。私も指導教官から、先輩から、そして後輩からも、たくさん言葉のプレゼントをいただきました（パクったとは言いづらいので（笑））。

最後に、尊敬する先輩から「報告書はラブレター」と教わりました。それを聞いてから、アセスメントや報告書の作成に対する姿勢が少しシャキッとなったように思っています。皆さんも、どうでしょうか。ラブレターを書く機会が多いこの仕事の幸せをかみしめながら、目一杯の愛情をこめて作成してみませんか。

**文献紹介**

津川律子（2020）．改訂増補 精神科臨床における心理アセスメント入門　金剛出版

精神科臨床というタイトルがついていますが、どの領域においても重要であり、見逃してはいけないアセスメントの必須ポイントが記載されています。津川先生の経験を踏まえた具体的なやりとりを通して、アセスメントにおける大切な視点や心

構えを学ぶことができると同時に、「え、先生でも悩むことあるんだ…」と勇気をもらえると思います。

**引用文献**


朝日新聞　担当記者に聞く、「ちょい読み」／天声人語　https://info.asahi.com/choiyomi/reporter/tenseijingo/（2023 年６月４日閲覧）

Bishop, S. L., & Seltzer, M. M. (2012). Self-reported autism symptoms in adults with autism spectrum disorders. *Journal of Autism and Developmental Disorders*, 42(11), 2354-2363.

遠藤裕乃（2019）．第４章　アセスメント面接　津川律子・遠藤裕乃（編著）　心理的アセスメント　公認心理師の基礎と実践　第 14 巻　遠見書房　pp. 58-69.

Finn, S. E. (2007). *In our clients' shoes: Theory and techniques of therapeutic assessment*. Lawerence Ealbaum Associates.（野田昌道・中村紀子（訳）（2014）．治療的アセスメントの理論と実践――クライアントの靴を履いて　金剛出版）

藤川麗（2013）．心理アセスメント　藤永保（監修）　最新　心理学事典　平凡社　pp. 386-388.

福地智巴（2017）．第２章　アセスメント　矢永由里子（編）　心理臨床実践――身体科医療を中心とした心理職のためのガイドブック　誠信書房　pp. 18-28.

本田秀夫（2018）．自閉スペクトラムの人たちにみられる過剰適応的対人関係　精神科治療，33(4)，453-458.

池田央（1981）．検査　梅津八三他（監修）心理学事典　平凡社　pp. 219-223.

岩壁茂（2021）．［インタビュー］アセスメントを再起動する　臨床心理学，21(1)，3-11.

岩壁茂・金沢吉展・村瀬嘉代子（2018）．公認心理師の職責　一般財団法人日本心理研修センター（監修）　公認心理師現任者講習会テキスト　金剛出版　pp. 4-20.

神谷栄治（2013）．第１章　面接によるアセスメント　八尋華那雄（監修）　臨床心理学の実践――アセスメント・支援・研究　金子書房　pp. 3-29.

神田橋條治（1994）．追補　精神科診断面談のコツ　岩崎学術出版社　pp. 159-175.

加藤真樹子（2017）．記録の書き方と情報共有の実際　矢永由里子（編）　心理臨床実践――身体科医療を中心とした心理職のためのガイドブック　誠信書房　pp. 84-96.

河合隼雄（1998）．こころの処方箋　新潮社　pp.10-13.

川久保友紀（2016）．精神疾患の背景にある発達障害を見つけるアセスメントと支援　臨床心理学，16(2)，185-189.

松田修（2020）．WAIS-Ⅳの高齢者への使用の可能性と課題――検査能と検査者能の観点から　日本版 WAIS™-Ⅳテクニカルレポート＃２　https://www.nichibun.co.jp/

documents/kensa/technicalreport/wais4_tech_2.pdf（2023年5月29日閲覧）

松田修（2021）．実践者能という変数の統制をどう考えるか――臨床心理学研究の妥当性向上のために　老年臨床心理学研究，2，4-6.

松田修・滝沢龍（2022a）．第Ⅰ部　第2章　アセスメントの目的と方法　松田修・滝沢龍（編著）現代の臨床心理学2　臨床心理アセスメント　東京大学出版会　pp.11-25.

松田修・滝沢龍（2022b）．第Ⅳ部　第1章　フィードバックと報告の考え方と方法　松田修・滝沢龍（編著）現代の臨床心理学2　臨床心理アセスメント　東京大学出版会　pp. 255-268.

森田美弥子（2017）．心理的アセスメント　野島一彦（編）こころの科学増刊　公認心理師入門――知識と技術　日本評論社　pp. 60-63.

野田昌道（2021）．ケースを語る――フィードバック　臨床心理学，21(1)，27-30.

小川朝生（2010）．心のケアの考え方――精神心理的苦痛のアセスメント　小川朝生・内富庸介（編）精神腫瘍学ポケットガイド　これだけは知っておきたいがん医療における心のケア　一般社団法人日本サイコオンコロジー学会　pp. 36-52.

Paulsen, S. L.（2017）． *When there are no words: Repairing early trauma and neglect from the attachment period with EMDR therapy.* WA:Bainbridge Institute for Integrative Psychology.（大河原美以・白川美也子（監訳）（2018）．言葉がない時　沈黙の語りに耳を澄ます――EMDR療法による早期トラウマの修復　スペクトラム出版　pp. 13-22.）

斎藤清二（2018）．総合臨床心理学原論――サイエンスとアートの融合のために　北大路書房　pp. 123-140.

関山徹（2020a）．第2章　心理アセスメントの方法　アセスメントの種類　高瀬由嗣・関山徹・武藤翔太（編著）心理アセスメントの理論と実践――テスト・観察・面接の基礎から治療的活用まで　岩崎学術出版社　pp. 19-27.

関山徹（2020b）．第4章　面接法　高瀬由嗣・関山徹・武藤翔太（編著）心理アセスメントの理論と実践――テスト・観察・面接の基礎から治療的活用まで　岩崎学術出版社　pp. 180-207.

Substance Abuse and Mental Health Services Administration（2014）． *SAMHSA's Concept of Trauma and Guidance for a Trauma-Informed Approach.* HHS Publication No.（SMA）14-4884. Rockville,MD: Substance Abuse and Mental Health Services Administration.（大阪教育大学学校危機メンタルサポートセンター・兵庫県こころのケアセンター（訳）（2018. 3）．SAMHSAのトラウマ概念とトラウマインフォームドアプローチのための手引き　http://nmsc.osaka-kyoiku.ac.jp/　http://www.j-hits.org/　https://www.j-hits.org/_files/00127462/5samhsa.pdf（2024年1月4日閲覧）

砂川芽吹（2016）．自閉症スペクトラム障害の女性の診断をめぐる心理過程　心理臨床学研究，34(1)，15-26.

高瀬由嗣（2020a）．第３章　１ 心理テスト総論　高瀬由嗣・関山徹・武藤翔太（編著）心理アセスメントの理論と実践——テスト・観察・面接の基礎から治療的活用まで　岩崎学術出版社　pp. 32-41.

高瀬由嗣（2020b）．第７章　治療的アセスメント　高瀬由嗣・関山徹・武藤翔太（編著）心理アセスメントの理論と実践——テスト・観察・面接の基礎から治療的活用まで　岩崎学術出版社　pp. 314-338.

竹内健児（2009）．事例でわかる心理検査の伝え方・活かし方　金剛出版

滝沢龍・松田修（2022）．第Ⅱ部　第１章　ディメンショナルな視点からのアセスメント　松田修・滝沢龍（編著）現代の臨床心理学２　臨床心理アセスメント　東京大学出版会　pp. 29-40.

津川律子（1998）．性格検査の使用にあたって　詫磨武俊（監修）性格心理学ハンドブック　福村出版　pp. 972-977.

津川律子（2018）．面接技術としての心理アセスメント——臨床実践の根幹として　金剛出版　pp. 17-27.

津川律子（2019）．第１章　心理的アセスメントとは　津川律子・遠藤裕乃（編著）心理的アセスメント　公認心理師の基礎と実践　第 14 巻　遠見書房　pp. 11-24.

津川律子（2020）．改訂増補 精神科臨床における心理アセスメント入門　金剛出版　pp. 51-64.

ウェクスラー, D.（著）日本版 WISC-V 刊行委員会（訳編）（2021）．日本版 WISC™ -V 知能検査　実施・採点マニュアル　日本文化科学社

**参考文献**

上島奈菜子（2022）．若手リレーエッセイ　子どもの心とからだ，31(1)，87-88.

## ❖コラム❖　心の深堀り、しすぎてませんか？

中　亮介

「心理職」というくらいですから、われわれは心に関心があります。世の中には心以外にも大切なものがたくさんあることは知っていますが、つい心の動きに重きを置きすぎて他職種との間にズレが生じてしまうことがあります。

それは、医師や看護師、心理職も参加する緩和ケア領域の研修会でのことでした。がんを告知する医師役、告知される患者さん役に分かれてロールプレイが行われ、私は患者役でした。医師役は中堅くらいの医師で、淡々と、しかし丁寧にがんの病状や今後の治療法について説明してくれました。実際、患者役をしていた私から見てもとても誠実な態度だと感じました。しかし同時に、頑張って役作りをした（患者さんの気持ちになり切ろうとした）私にとっては、その医師の説明がとても怖くも感じました。「どれだけ丁寧に説明してもらっても、実際告知される患者さんはもっと強い恐怖を覚えるんだろうな。」と感じ、それを共有しようとして医師役の先生に「先生の説明はとても丁寧で誠実さを感じました。それでもなお先生のことが怖く見えました。」と伝えたところ、その先生は自分の話し方が怖い、と批判されたように感じたようで、ムッとしてしまいました。私が言いたかったことを再度説明して事なきを得ましたが、ちょっと気まずい空気になってしまいました…。

患者さんの気持ちを想像して支援に活かすことは、もちろん心理職以外の職種でもやっています。しかし、心理やメンタルヘルス領域以外の専門職は支援者の主観をアセスメントに取り入れることにあまりなじみがなく、より客観性のある情報を大切にする傾向があります。『連携する相手の専門性を尊重しよう』というのはよく聞くフレーズですが、本当にその通りだと実感した経験でした。

# 第４章

# 「かかわる」②　心理的援助

巣黒慎太郎　川端康雄

私（巣黒）は医療分野を中心に20年強の活動をしてまいりました。修士課程在学中に公立総合病院の心療内科で非常勤心理職として勤務し始め、のちに私立総合病院の常勤に移りそこで肥満・糖尿病治療チームや緩和ケアチームに参入して身体疾患領域での心理的援助を開拓し、チーム医療の中で多職種と協働することで心理職が患者さんや医療スタッフ、そして世の中にどのようにお役に立てるかを試行錯誤し続けてきました。また臨床での経験をもとに実習生に指導したり大学非常勤講師として講義で伝えることも並行して行ってきたので、自身が育ちながら同時に教え受け継ぐ循環が出来上がっていました。とくに、臨床心理士の指定大学院や公認心理師カリキュラムなどがない時代に、自分のいる大学院環境は心理職の養成体制が未整備だと感じながらつてを辿って見学や研修の機会を得てきたので、実習指導するにしても自分が初学のころ知りたかった知識、受けたかった経験ということをできるだけ盛り込めるようにしてきました。そしてその姿勢のまま、大学に籍を移して心理学部の開設、大学院の新設に構想から携わり心理職の後進育成に努めています。

この章は前章のアセスメントを経てトリートメントにあたる内容になりますが、専門職の行う援助としてどのような技法（を選ん）でかかわるのか、対人援助職としての発達成長など、そこに伴う疑問や迷いなども含めて考えてみたいと思います。

# 1　助け支えること

## （1）援助する動機を自覚する

皆さんはどのような理由で心理面から他者の力になりたいと思ったのでしょうか。心理職に関心を持つに至った筋道は様々かもしれませんね。また臨床経験を重ねてくるうちに援助することの新たなやりがいも出てきて、対人援助を続ける理由は決してひとつだけではないでしょう。しかし、「困って助けを求めている人のために力になりたい」という思いを初心に抱いたのは心理職の皆さんの共通するところではないでしょうか（後付けの理由であったとしても）。もちろん援助する我々自身の私利私欲のためだけに援助を行うことはあってはいけないことですが、このことは倫理要綱に書いてあるから、決まりだから…と頭（理屈）で知っているだけではなく、自分の行っている援助が自己満足に陥らずクライエントの望む生き方に向けて役立つことができているのか、普段から臨床活動の中で自分に問いかけ省みることができるとよいと思います。クライエントを大切にする、敬う、労うといった姿勢とかかわりは、形式的なコミュニケーション技法だけでなくクライエントへの心の向け方から生まれる態度になります。

## （2）私があなたとともにいる

皆さんは心理面接中、どこにいるでしょうか。当たり前のようなことを尋ねてしまいましたが、もちろん面接室内でクライエントの目の前にいますよね。ところが、初学のころは目前にいて目前にいない、ということが生じているかもしれません。クライエントを知ろうと質問をして情報収集に励むのですが、理知的な理解に偏って尋問のようになってしまったりして、まるで面接室の外からクライエントを観察しているような心理的距離をとってしまっていることもあります。私（巣黒）が大学院生のころ、病院勤務で担当したイニシャルケースでこの距離感を学ぶことになりました。摂食障害の年上女性クライエントは親に頼りたいのに頼れなかった思いをセラピストに頼り求めるようになりました。初学者の私は「クライエントを依存させてはいけない」と構えていたためか、クライエントが面接に臨むのに必要な安心感、肯定的な信頼感が醸成されてきたと捉えることができておらず身を引いていたのです（腰が引けていたとも言えます）。事例の経過を検討会で報告した際に指導の先生が「まずはクライエントが拠り所としようとしているのをセラピストが引き受け受け止める」ということをお教えくださり、援助を提供するものとして自分がクライエントをお引き受けする覚悟を持つことや、一旦はクライエントを抱える器になることの大切さを学ぶことになりました。その摂食障害のクライエントの昼食に立ち会う形での面接の意義も、セラピストといることで安心して食事ができる体験になるものとして理解するようになりました。

クライエントを客体化して捉えると同時に自分の存在を使いかかわらせ情緒的交流の中に身を置く「関与しながらの観察」のバランスは多かれ少なかれ初学者の課題となりますが、このイニシャルケースが相互作用し合う関係性の中の自分を自覚するきっかけともなりました。自分の存在が相手に影響を与え、その相手の反応からまた自分も影響を受け…という相互作用です。またそれ以上に、自分が安心と信頼の対象となって存在することの意義を知ることになり、以降の臨床活動の土台となっています。

セラピストがそこに存在して、技法は拙くとも力になりたいというひたむきさがクライエントに伝わることも、セラピーへの期待や生き方を変えることへの希望に繋がることを皆さんはすでに実感されているかもしれません。初学のころは健気さ、ひたむきさから伝わる熱意がたまたま奏功したのかもしれませんが、専門的な技法をたくさん習得していることのみならず、このような関係性を意図的に活用できるのも専門性なのだと思います。もちろん初学者にとっては「たまたま偶然」「なんか知らんけど上手くいった」というように無自覚に作用しているものに気づくのは独力では難しいかもしれないので、スーパービジョンや事例検討会など他者からの指摘や指導助言が有用になるのです。私のイニシャルケースでの経験も、指導者は混沌とした言葉にならない経験に名を与え概念化し、私が以降の同様の経験を客観的に自覚できるよう、また予測できるようになっていくのを助ける役割を果たしていたのだと思います。

## 2　心理職としてのアイデンティティ達成のプロセス

### （1）心理職として育つには

私たちはどの心理療法を選び習得すればよいのでしょうか。おそらくクライエントの困り事に応じて、また、それぞれの職場環境から求められる知識・技術を適宜身につけていく形で必然的に様々な理論や技法を習得することになるのでしょう。表４－１は臨床家としての成長過程をモデル化したものです。心理職としての自分がスキルアップするにあたり、どこに向かいこの先どのよう

表4-1　臨床家の発達モデル

| | テーマ、学習プロセス |
|---|---|
| 第１期<br>素人援助者<br>（訓練を受ける前） | 悩みに深入り、同一視。<br>共感と同情の取り違え、相手の立場を理解していない極端なアドバイスを押しつける。 |
| 第２期<br>初学者<br>（修士課程） | 訓練に熱心だが、自信が乏しく不安が強い。<br>簡単にすぐ使える理論やスキルを習得しようと躍起。先輩・指導者の励ましや支えを必要とする。<br>早く一人前になりたく、ある理論モデルや大家に同一化。 |
| 第３期<br>上級者<br>（博士課程） | 専門家として自立を目指し、間違いを恐れる。<br>教科書通りこなすことに躍起になり、自由さ、自発性、ユーモアが欠如する。<br>特定の理論モデルに固執し厳格になりすぎることも。理論アプローチを定めるようになる。 |
| 第４期<br>初心者専門家<br>（～臨床５年） | 訓練で体得したことを見直し、効果を確認し、安心したり無力さに幻滅したり。理論アプローチだけでなく、一個人としての自分が臨床活動に大きく影響していることを認め、臨床家としての自分と近づけようと試みる。<br>臨床活動の複雑さを受け入れ、１つの理論モデルに忠実であるよりも一人ひとりのクライエントとの最適な治療関係を築くことに気を向ける。臨床家としての自己探索が顕著になる。 |
| 第５期<br>経験を積んだ専門家<br>（～臨床 15 年） | 自身の価値観、パーソナリティにあった臨床家として自己を発展させる。<br>臨床家／一個人としての自分に明確な境界を引く。理論や技法を機械的に当てはめることが少なくなり、柔軟性が高まる。 |
| 第６期<br>熟練専門家<br>（20、25 年以上） | 臨床家としての力を現実的に認識し、自身の限界も謙虚に受け入れる。指導者、同世代に影響を受けることも少ないため、自らのうちに仕事の原動力を見つけることが重要。 |

出所：Rønnestad & Skovholt（2003）、岩壁（2015）をもとに改変

に開花するのか自分でもわからないときに、発達モデルに位置付けて理解することで、その焦りも不安も受け入れて自分の注力すべき課題に取り組みやすくなるはずです。

「第２期：初学者」の「簡単にすぐ使える理論やスキルを習得しようと躍起。早く一人前になりたく、ある理論モデルや大家に同一化」を見ると、たしかに図星です。修士課程のころ、非常勤で病院臨床に出たての私（巣黒）は、臨床心理士の資格も取得前で病院内での雇用形態も「事務補助」、名札にもそのように表記されていましたので患者さんを不安にさせないよう「心理士」の文字を貼っておりました。専門的な技法もまだ活用できず、クライエントの話を一生懸命聴くしかできない私は、少しでも早く一人前の心理職になりたくて当時隆盛だったブリーフセラピーとくにソリューション・フォーカスト・アプローチ（SFA）に飛びつき研修、研究会に飛び込んで行きました。技法の持つ即効性に飛びついたのはクライエントにとって役に立っている実感を得たかっただけでなく、もしかすると無能さ・無力感から解放され安心したかったのかもしれません（強力な武器を手にすることで自分の無力感を埋め合わせようとする事態は現在だと認知行動療法（以下、CBT）で起こり得るのかもしれません）。

クライエントの持つ肯定的資質（リソース）を見つけ、すでにある解決の一部を見つけて増やし解決を構築していく発想は、問題を解決する従来の視点とは異なりとても肯定的な視点に感じ、また柔軟で臨機応変な姿勢が臨床場面にとてもフィットするものに感じて、初学者の私に余裕を与えてくれるものとなりました。

「第３期：上級者」のころには今振り返れば、基本に忠実にひと通りのCBTをやってみることがメインテーマになっていたように思います。抑うつや不安の問題に不安階層表作成、段階的エクスポージャーやリラクセーションスキルを適用し、心と体の繋がりを身体面からアプローチする必要も感じ、後にバイオフィードバックも習得していくことになります。

また「第４期：初心者専門家」では「臨床活動の複雑さを受け入れ、１つの理論モデルに忠実であるよりも一人ひとりのクライエントとの最適な治療関係を築くことに気を向ける」ということから、１つのアプローチから眺められる軸ができると、いったん理論を離れるゆとりができて、目前のクライエントをより多層的で複合的な理論で捉えアプローチすることができるようになる、というように私は解釈しています。

「第５期：経験を積んだ専門家」の時期においては「自身の価値観、パーソナリティにあった臨床家として自己を発展させる」とあり、心理的援助においても自己実現的意味合いが含まれてくるのだと考えています。私の場合はかねてから価値や関心を置いていた、より予防的な視点から心や体の健康を高める方向に活動を拡げていきました。内科領域において慢性疾患（糖尿病）を抱えて生きる患者さんの生活習慣変容を動機づけ、セルフケア行動を形成維持することに尽力したほか、職員のメンタルヘルス予防と支援に携わる体制を整えました。

### （2）どの学派に依拠するのか

今でこそ心理専門職の養成カリキュラムが整備されて主要学派の理論と実際をひと通り学ぶことができるようになっていますが、それでもなお所属している大学や研究室の特色となっている学派をそのまま信奉するみたいな風潮が残っているかもしれません。私（巣黒）が大学生のころは、生まれ育った環境によって宿命的に決まってしまう親ガチャならぬ大学ガチャ、研究室ガチャみたいな感があったように思います。しかし、各大学の特色を打ち出すという意味でも、それぞれの専門性を持った教員を満遍なく揃えることはなかなか難しいという意味でも、学べる学派のある程度の偏りは仕方ないことなのかもしれません。多様な学派のすべてを平等に学ぶ機会は十分ではなさそうな現実の上で、学派に対しての我々（教える側も学ぶ側も）の捉え方が問われるのだと思います。

### （3）先入観をもたずオープンに接する

自学派の優位性を保とうとして他学派を否定、排除するような声を聞くたびに私（巣黒）は思いました。「鵜呑みにせず自分で体験してみよう、自分で見聞きしてから判断しよう」と。そんな風に思ったのは、大学院生や現場に出たての当時、「自分は根なし草、自分は何者でもない、どの学派でもない」というある種の疎外感があったからのように思います。出身大学が科学としての心理学に重きを置く実証的風土ではあったものの、そのど真ん中で臨床のノウハウを学んだ実感はあまりなく、とくにまだ仲間もおらずに学会や研究会をのぞきに飛び込み、学会出張時には旅先で他の人たちが研究室単位で群れている姿を見るたびに、独りぼっちの自分に対して「自立心と向学心に溢れて偉い」と励ましていました（孤独を感じる私の心がフィルターをかけて、「群れている」ように自分が見ていただけかもしれません）。

引率してもらい、お膳立てしてもらう代わりに、臨床で役立つ技法や考え方を自ら探し求めて彷徨ううちに、学会や研究会で出会った臨床家の先輩方の「クライエントのために使える方法は使う」という姿勢にも影響を受け、セラピーの手段を相対的に見ようとするようになりました。

前述のとおり私は行動科学系に親和性が高かったのですが、その他の学派に対しての懐疑的な声を鵜呑みにせずに自分で確かめたいと思い、たとえば精神分析については日曜のたびに数年間セミナーで理論や事例を学び、スーパービジョンに通い、愛着や関係性を理解する視点を養った経緯があります。他学派には他学派の人間理解の視点と援助の方法論があり、それらをうまく受け取ることができれば、自身がより多くのクライエントのニーズに対応できるようにもなるはずです。また、各学派のいいところ取りや継ぎ接ぎにならないためには、取り入れ方やまとめ方にも作法があることがわかりました。

## 3　医療における心理的援助

### （1）認知行動療法（CBT）は必携です

●医療に馴染みやすく、他職種と協働しやすい

心理臨床の世界では、以前であれば、患者さんとのかかわり方は心理職など支援専門職の個々の価値観、経験、コミュニケーションスタイルによって強く影響されるものと見なされていました。その結果、異なる支援者間でのアプローチの再現性が低く、対人関係におけるエビデンス（科学的根拠）の構築や評価が難しいという課題が存在しました。このような状況から、心理療法の効果を客観的に評価し、比較する手法として、マニュアル化された心理療法の利用が注目されるようになりました。中でも認知行動療法（以下、CBT）は大うつ病

性障害や様々な不安障害に対してランダム化比較試験で有効性が示されています。エビデンスが重視されている医療では医療者からもCBTへの期待が大きいです。

私（巣黒）も現場で強迫性障害を有する方に曝露反応妨害法を提供したり、PTSDの方にPE（長時間曝露療法）を実施したりすることがあります。最近は他科でもCBTの存在が知られるようになり、麻酔科や内科からの依頼（疼痛へのCBT、慢性不眠へのCBTなど）も増えています。CBTはそれぞれの症状に対する効果研究をもとに有効性が多く示されているので、医療にはとても馴染みやすく、他職種の方とも協働しやすいという強みがあります。医師を始めとする、医療職から私たちの専門性が認識され、求められるということは、私がこの業界に入った20年前では想像もできませんでした。「心理士って何をするひと？」と思われていましたから、隔世の感があります（笑）。CBTは私たちが臨床で活動する上での大変重要な支援ツールであると言えます。

### ● CBTに苦手意識を持っている？

残念ながら、日本の心理職の養成課程は指導内容や実習内容に偏りがあるという課題が存在しています。指導教官の専門分野によってアプローチが偏ることや、公認心理師制度の導入にもかかわらず均質な知識と技術の提供にはまだ課題が残っているといえます。そのため、CBTを系統立てて教わっていないという方も多いと思います。ただ、安心してください。CBTをうまく展開させるうえで、もっとも大切なことは、その技法や専門知識ではありません。実際は対人関係の質やコミュニケーション能力、共感力などが非常に重要な要素です。マニュアル化は、エビデンスの構築や医療の質の統一、対人支援者のトレーニングなどに効果的と考えられていますが、マニュアルはあくまで指針であり、それだけでは不十分です。人間関係を築くプロセスや信頼を構築するスキルは、マニュアルだけでは十分に習得することが難しいものです。なので、あなたが今まで受けてきた指導やトレーニングを十分に生かすことができます！

### （２）CBTにおける協同的な援助関係

技法が着目されがちなCBTですが、クライエントとの援助関係の構築があってこそ技法の持つ力が活きることになります。国内外の知見から抽出されたCBT共通基盤スキルをまとめた「認知行動療法の共通基礎マニュアル」（藤澤編著、2023）においてはCBTの基盤として５つの前提スキル（精神療法の共通要素、アセスメントと関連する認知モデルの理解、症例の概念化、治療の構造化、認知・行動技法）が挙げられており、精神療法の共通要素（共感、誠実さ、誠意に大別される）はやはり大前提となると言えます。

ほかにも、認知療法の創始者ベック（Beck, A.）の娘であり認知療法を世界的に牽引しているジュディス・ベック（Beck, J. S.）によれば、著作*Cognitive behavior therapy : Basics and beyond*の第３版では「治療関係」という章が新たに加えられています（Beck, 2021 伊藤・藤澤訳 2023）。クライエントに共感と承認、理解を示し安全を感じてもらうことをはじめ、協働的関係として「概念化や治療援助計画を共有する」「どの目標にとりくむか、どの介入を試すかなど協働的に意思決定する」「クライエントからフィードバックをもらう」といったこと、また、セラピスト側の内省や自己観察として「セラピスト自身のクライエントに対するネガティヴな反応を管理する」などが述べられています。

また同様に、協同的な治療関係の具体例（Kuyken, Padesky, & Dudley, 2009 大野・荒井・佐藤訳 2012）では、「クライエントの理解を確かめる」、「セッションのアジェンダの変更を交渉する」、「ホームワーク課題を協同的にデザインする」、などが挙げられています。

これらはつまり、CBTの大前提というだけでなく、治療同盟を強固にする手続きが明らかにされているとも言えます。治療同盟（therapeutic alliance）とは、治療目標を達成する際のクライエントとセラピストの協働（提携、協力）関係であり、①感情的絆（bond）、②課題に関する合意（task）、③目標に関する合意（goal）の３つの要素が治療同盟を強固にするものとして知られています。CBTにおいてはこの治療同盟を強固にする手続きが明確に設けられていることが強みだと思っています。つまり、どのような状態、生活を目指しどうなりたいか目標設定し（＝③）、ケースフォーミュレーションにより問題を概念化、外在化して共有し、その問題（クライエントの困りごと）にどのような技法で取り組むのか方法について説明し同意を得る（＝②）ということがある程度構造化されていると言えます。

### （3）見取り図としてのケースフォーミュレーション

●杓子定規な扱いになってませんか

ギリシア神話のひとつに「プロクルステスの寝台」という話があります。旅人を泊めた宿主が既存のベッドのサイズに旅人の身長を合わせる（ために切断する）という話で杓子定規の例えになりますが、私たちは既存の理論・治療プログラムに個々のクライエントを当てはめてしまっていないでしょうか。たとえば、うつ病だから認知再構成、社交不安だからエクスポージャー、といった具合です。たしかに、病態によって確立された技法やプログラムがあるとすぐに適用したくなるかもしれません。まして「効果が確かめられている」となればクライエントもセラピストも飛びついてしまいがちです。ただし、上に挙げたCBTは技法の集合体なのですから、問題がどのような仕組みで生じているかその機序について仮説を立てた上で問題維持のメカニズムを変えるのに最適な技法を選択していくという段取りが必要です。

●仮説と援助の方向性を合意形成するプロセス

目前のクライエントの困りごとについて「何が起こっているのだろうか？」「この問題が長引くのはなぜ？」「どこからどうすればよい？」などと考えるとき、その見取り図を示すものがケースフォーミュレーション（Case Formulation: 以下、CF）です。事例の定式化と訳され、一般化された病態モデルや理論と個別のクライエントの現実とを繋ぐものです。

問題の発生したきっかけと経過、現在の問題、身体的（生物学的、遺伝的）要因・医学的要因、生育歴上の体験の影響、長所や強みなどの情報を聴取して、問題の成り立ちや維持しているメカニズムについて仮説を作り、それをクライエントと共有してその維持要因や悪循環を変えていくのに有効な方法を選び、ともに合意を作りながら援助を計画していきます。見立てと介入を繋ぐプロセスとも言えます。

CFというプロセスは字面ではわかるのだけれどもクライエントに言葉で説

明するのも難しそうだ、と思うかもしれませんね。たとえば小堀（2011）は、クライエントに伝える際の例として次のように挙げています。

「ケースフォーミュレーションとは、あなたの治療の設計図を作成すること、目的地（目標）に向かうために地図を描くことです。問題がどのように維持されているのかを明らかにして、どこから、どのように解決していくのか、見通しを立てていきます。最近、あなたがお困りになった状況で、どう感じ、どう考え、どう振舞い、その結果どうなったかをお聞きすることで、設計図または地図をつくっていきます。」

問題の維持要因に着目して仮説生成するために、個人と環境の間での相互作用また個人内での相互作用において生じているパターンに着目します。その際、行動の機能分析（先行状況－行動－結果の三項随伴性）や認知モデル（事実状況－思考－感情）などの枠組みを複合的に用いて記述することになります。

また、横と縦に紡いでいくことで、その一個人の人生においてどのような経験が影響して今現在問題として生じているかが見えてきます。

・横断的CF：現在の問題の促進要因、問題が活性化されやすい状況と思考－感情－行動の反応パターン、維持要因など
・縦断的CF：発達的理解、自他に対する信念や構えの形成に影響したライフイベントや過去の体験など

CFを共有することでクライエント自身の身に生じている問題の成り立ちを外在化して客観的に理解することに繋がり、また、よりセラピーに能動的に参加してもらうことにも繋がり援助関係の構築にも寄与することになります。

### （４）CBTを習得するための各段階での狙いと方法

図４－１はCBTのトレーニングで養われる能力を段階的に示したものですが、ここでは元の図の中でのCBTを「特定の心理療法」と置き換えて、様々な心理療法を学び習得する際の指針として示したいと思います。座学での知識を得てその知識を実際の事例で適用していくにあたり、スーパービジョンで指導を受けながら習得するのはどの心理療法でも通る道だと思いますが、やはりその土台になるのは共通能力としての関係性構築です。この共通能力をより定型的に学ぶことができれば安全で効率的なのだと思います。傾聴はもとより、

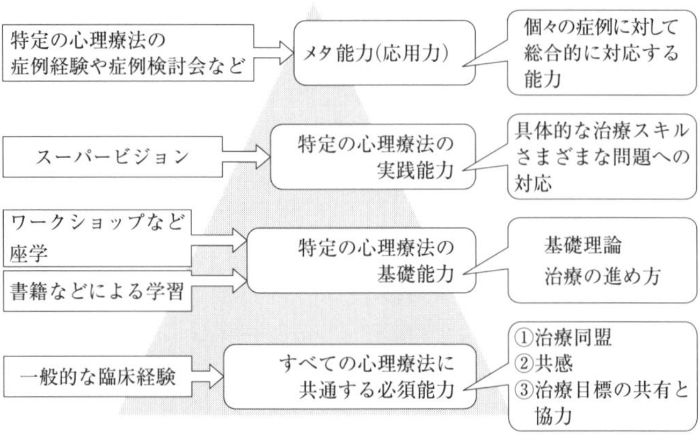


**図4-1　心理療法のトレーニングで養う能力とその手段**

出所：Kuyken, Padesky＆Dudley（2009 大野・荒井・佐藤訳 2012）、菊池（2017）より引用、一部改変

目標の共有、治療同盟などは「（２）CBTにおける協同的な援助関係」で前述した手続きを意識して学ぶことが大切になるでしょう。もちろん、技法に終始するのではなく、態度が根本にあるのを忘れないようにしましょう。

## 4　心理療法の統合

### （1）有益なセラピーとは

●額に見合う援助を提供できているのか

クライエントがカウンセリング費用として支払う額に見合った心理的援助を提供できているでしょうか？私（巣黒）がそのように自問するようになったのは、A病院からB病院へ職場を変えたことがきっかけでした。A病院では心理職の行うカウンセリングは医師の再診診療報酬得点内に組み込まれ実質無料だったのに対し、B病院では診療報酬得点外の自費8000円（税別）を頂いていました。心理療法の実力としてはまだまだ発展途上の自分がその額に見合う（とクライエントに思ってもらえる）援助を提供できているのだろうかと初めは荷が重い気もしていましたが、専門職としての自分の商品価値や費用対効果（cost effectiveness）ということを考え始め、クライエントのニーズを見極めたり、有益なセラピーとは何だろうかと意識するようになりました。

●誰のためのエビデンス？

では、効果のある技法を用いれば、有益で役に立つ援助なのでしょうか？効果研究の結果、治療援助の効果が実証的に確かめられた援助技法やプログラムが「エビデンス」のある技法としてガイドラインで推奨されていますが、ある問題に対して効き目のある方法、強いエビデンスが示されている技法だけしか使ってはいけないのでしょうか？エビデンスが確かめられている方法だけが正しいのでしょうか？…よくある誤解ですよね。アメリカ心理学会の指針EBP Task Force Final Reportでは次のように述べられています（American Psychological Association, 2005）。

> Evidence-based practice in psychology is the integration of the best available research with clinical expertise in the context of patient characteristics, culture, and preferences.（心理学における実証に基づく実践は、患者の個性や文化、好みに即しながら、得られている最善の研究知見と臨床家の専門知識技能を統合することである。）

効果研究の知見を選択肢としながら、セラピストの経験（その技法を提供できるほど熟達しているか、訓練中か、未経験かなど）も加味し、何よりクライエントの性格や文化、好みを含めてクライエントと話し合って決めるという意思決定のプロセスがあり、効果のある技法をすぐさま適用するという訳ではないのです。

クライエントがどのような変化を求め、どのような援助方法に合意するかに加え、セラピストの準備性なども考慮して、その技法、アプローチを適用する（ときには適用しない）判断のすり合わせということになります。

### （２）心理療法の効果をもたらす要因

心理療法の効果をもたらす（各学派間の）共通要因として、Lambert（1992）は図４－２のように示しました。私たちが日々専門性を高めるために腕を磨いている技法の要因が治療的変化や効果に寄与するのはたった15％であることを意外に思ったり、がっかりするかもしれません。もちろん、援助関係性を構築

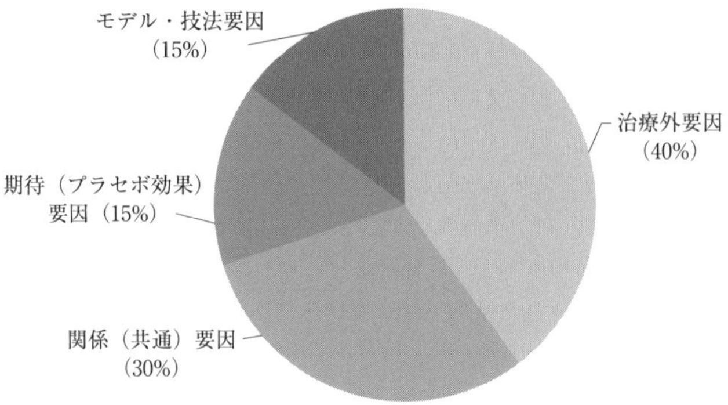


**図4-2　心理療法の効果への共通要因**

出所：Lambert（1992）

し、セラピーへの期待や動機を高め、セラピー外（クライエントの日常で生じたこと）をうまく活用する、これらはどれもクライエントの肯定的な変化のためには大切に思えます。ただしLambertの説（セラピーの効果、変化をもたらすのは関係要因30%、技法要因15%であり前者が後者を上回っている）に統計的根拠はないため、関係要因ばかりを重視せずに特定の問題に効果が明らかになっている技法を用いるべきであるという批判（丹野、2014）も見られます。たとえば、心理士によるうつへの認知療法のメタ分析では関係効果よりも技法効果が大きいことから（技法（認知療法個別）の効果　g＝0.50、心理療法の共通の効果　g＝0.38）、うつ病には認知療法（技法）を重要視するべきと述べています。

したがって、技法の持つ力か関係性の力か、どちらかだけではなく、技法の持つ力が発揮されるようにその下地として肯定的な援助関係を築く必要があるでしょうし、各要因に目を配りその交互作用を想定しながら各要因が最大限に活きて変化に繋がるよう配慮しておくということなのだと思います。

### （3）特定要因と共通要因

すこし理屈っぽくなりますが、ついてきてくださいね。心理療法における効果研究では、特定要因（Specific factors）を重視する立場と共通要因（Common factors）を重視する立場の間で長い間論争が続いてきました。特定要因を重視する人たちは特定の理論や技法に基づく要因が治療の効果に大きく寄与すると

表4-2 実証的に支持された治療関係

| エビデンス | 治療関係の要素 |
|---|---|
| 有効性が証明されている | 作業同盟<br>協働<br>目標の合意<br>グループ療法における凝集性<br>共感<br>肯定的関心と承認<br>クライエントからのフィードバックの活用 |
| おそらく有効 | 自己一致・純粋性<br>現実の関係<br>感情表現<br>肯定的な期待の涵養<br>セラピーに対する信頼の促進<br>逆転移のマネージメント<br>作業同盟の亀裂の修復 |
| 有望だが研究が不足 | 自己開示<br>即時性 |

出所：Norcross & Lambert（2019）

考えます。たとえば、CBTでは認知の再構築や効果的な曝露が大切な治療コンポーネントとされます。一方、共通要因を重視する立場では技法や技術よりも患者さんとの信頼関係、共感、エンパワメントなど、治療を行う際に共通して効果をもたらす要因を強調します。この立場の人たちは心理療法全般に共通する基本的な要素が効果に大きな影響を与えると考えています。こちらはパーソンセンタードな考え方ですよね。

過去20年間で特定要因を重視する立場が主流となりましたが、2000年代に入り、共通要因を支持する立場からもエビデンスが多く提示されるようになりました（表４－２）。特定の理論や技法による特定要因の効果だけでなく、関係性や共感などの共通要因も治療の効果に重要な役割を果たす可能性が示唆されました。そのような状況の中で、現場の心理職の関心は徐々にどの技法や理論を使っているかだけではなく、できる心理職はどのように信頼関係を構築しているか、どのように個別性に合わせてかかわっているのかに関心が移るようになりました。

そのため、現代の心理臨床ではたんに技法や理論を実践するだけではなく、できる心理職はどのように自らの資質を高め、どのように人とかかわる作法を習得しているのかに関心が変わりつつあるといえます。

介入期間の長さも大切です。長い安定した関係性は患者さんが治療プロセスを十分に経験し、変化を実感する時間を持つことができるため、効果に寄与する要素として考えられます。ただ、私（川端）の臨床的感覚ではどのような症状や問題行動を扱っているかによって変わってくると思います。CBTが得意とする不眠症や精神症状の改善では、数回程度のかかわりで劇的に改善することもある一方、トラウマや愛着の問題を扱うとなると、年単位の介入が必要となりますよね。

### （4）統合の作法

従来、代表的なアプローチとして共通要因、理論統合、技法折衷、同化的統合が知られており、表４－３に概略を示します。

### （5）統合を目指す道筋

いつの間にか気づけば必然的に統合的アプローチにたどり着いていた、という心理職は多いかもしれませんが、統合的視点を目指して学ぶためにはどうし

表４-３　折衷統合の分類

| | 解説と例 |
|---|---|
| 共通要因 | 学派の違いよりも、異なる治療理論の概念や技法で記述されている現象の本質や共通する治療要因（治療同盟、セラピーへの期待など）を明らかにすることで実効性を高めようとする（例：統一言語、クライエントの枠組み（Miller, S., 1997）） |
| 理論統合 | ２つ以上の理論の概念を統合し、整合性のある新しい理論的・技法的体系を創ろうとするもの（例：循環的心理力動論（Wachtel, P. L., 1997）） |
| 技法折衷 | 背景にある理論に関係なく、クライエントに適合する有効な技法を活用する（例：マルチモード心理療法（Lazarus, A., 1981）） |
| 同化的統合 | まず一つの学派の理論や技法に習熟し、他の学派の技法を選択的に取り入れて融合していくもの。一つの学派に依拠することで安定性が保たれた上に他の学派に開かれ柔軟性がもたらされる。 |

出所：杉原（2021）（一部加筆改変）

たらよいのでしょうか。平木（2010）は統合的援助を学ぶ2つの道順を挙げています。1つ目は統合的介入を実践している指導者に教わる方法です。たとえば統合的アプローチとして体系立てられた心理療法を学ぶというもので、確立された統合的心理療法としては加速化体験力動療法、感情焦点化療法、スキーマ療法などがあります。2つ目は、基本的な心理療法を学んでから自分なりに統合の方法を開発していく方法です。やはり、少なくとも精神力動的心理療法、認知行動療法、クライエント中心療法などの主要な理論・方法を学ぶ必要があります。まずは自分の主幹となる理論や方法をじっくり身につけて必要に応じてその他の理論を加えていくような「同化的統合」が多くの臨床家の実情としてはフィットするのではないでしょうか。

## 5 クライエントと足並みを揃える

### （1）多理論統合モデル——人が変化するとき

人々が変わろうとするその準備性をアセスメントし、それに応じた援助介入をすることができれば、よりクライエントの状態に適して効果的で抵抗の少ない援助ができることになるのではないでしょうか。

Prochaska, Norcross, & DiClemente（1994）は、人々が自分の在り方を変えていく際に採っている活動（変化プロセス）を主要な心理療法の比較分析から抽出し、その各々の変化プロセスは変化に対する特定の準備段階で有効に作用することを明らかにしました。多くの学派を包括するこのモデルは多理論統合モデル（Transtheoretical model: TTM）として知られています。

準備性を5つの変化ステージ（前熟考期、熟考期、準備期、実行期、維持期）で評価します。

- 前熟考期：望ましい行動をしていない。するつもりはない。指導されるが自分では生活に問題があるとは思っていない。
- 熟考期：半年のうちに始めるつもりだが迷っている。
- 準備期：1か月のうちにすぐに始めるつもりでいる。適正な生活ではないが自分なりにはしている。
- 実行期：し始めてから半年以内、つづけている。

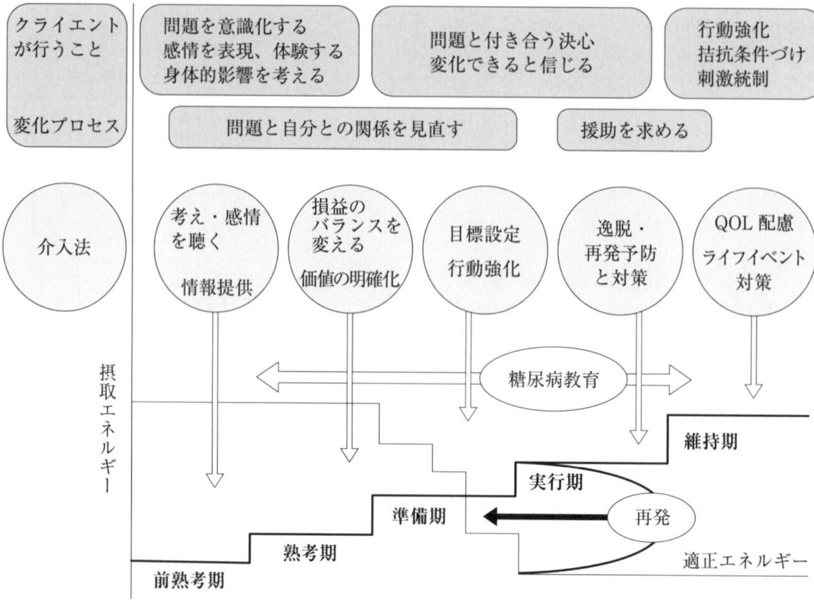


図4-3　変化ステージと変化プロセスおよび介入法

出所：石井（2011）（一部改変）

・維持期：半年以上しつづけている。

行動変容を始める前段階ほど認知的、感情的アプローチを用い、行動を変え始めようとしている準備期および以降は行動的アプローチが有用となります。

図４－３はこの変化ステージに適した変化プロセスと介入法の対応関係を、糖尿病療養に適用したものです。

心理療法の諸学派を変化プロセスの観点から包括的に捉えるこの多理論統合モデル（TTM）は統合の分類で言えば「理論統合」に近いものに位置づけることができます。このように心理療法の世界から発祥したモデルという出自はあまり知られないまま生活習慣病の行動変容にまつわる療養指導で医療多職種に広く知られ活用されています。心理療法の統合に関する理論がそれと知らず世間一般に知れ渡っているのは何か誇らしくなりますね。私（巣黒）の場合は肥満・糖尿病治療チームでの働きにおいてこの変化ステージモデルが共通言語ともなり、コンサルテーション的に多職種の活動の中に心理職の専門性が活かされるよう尽力するようになりました。

### （2）クライエントの声を聴き入れてセラピーをつくる

CBTの面接構成要素に「クライエントからのフィードバックを得る」ことがあるのは前述のとおりですが、面接で今回扱えなかったことややり残していること、疑問や要望を分かち合っておき、それに向き合って取り組んでいくことが援助関係の破綻やドロップアウトを防ぐのにも役立ちます。面接の終盤で感想として直接対面、口頭でフィードバックを得るということもあれば、今回の面接の進捗やセラピストの態度などについて質問紙の形で評定してもらう方法もあります。

このようにクライエントはセラピーをどのように体験しているのかを知ることは臨床の実践においてだけでなく、研究においても重要な着目点です。プロセス研究として知られ、セラピーで生じているプロセスをセラピスト視点、クライエント視点、その双方の援助関係、治療同盟などから探求するものです。

◇Q＆A◇

Q　私は精神科デイケアで心理職をしています。毎日、プログラムで患者さんたちとソフトボールをしたり、料理をしたりしています。たまにプログラムの合間に患者さんから相談を受けるときがありますが、自炊をするのが大変だとか、日常の愚痴聞きのようです。大学院で学んだカウンセリングスタイルとはほど遠く、私がやっているのは心理的援助と言えるのでしょうか。

A　お仕事、お疲れ様です。立派な心理的援助の一形態と言えると思います。私たちの支援は、狭義のカウンセリングのみに留まりません。ソフトボールや料理などの活動を通じて、患者さんたちがコミュニケーションを取り、ストレスを軽減し、スキルを向上してもらう機会を提供しています。

ひょっとしたら、ご質問の意図としては、他職種と一緒にプログラムに入り、サービスを提供する中で、心理職としての専門性やアイデンティティが相対的に感じられにくくなっているというニュアンスもあるのかもしれません。なぜなら、他職種である看護師も作業療法士も、精神保健福祉士も、患者さんのメンタルケアを行い、広い意味での心理的援助を提供しているといえるからです。ただ、それぞれが各々の専門家の「メガネ」をかけているので、同じ患者さんの言動を見ても、見えているものが違っているかもしれません。

プログラム活動に専念し、一緒に楽しむことも大切ですが、「今、ここ」の状況を俯瞰的に見たり、ちょっとした表情の変化や心の動きをとらえたりすることを心理職は得意としています。そのような心理学的な見立てを多職種で共有することでもチーム医療に貢献できるかもしれません。そのためには、他職種の視点も尊重しようとする姿勢（謙虚さ？）が求められるのはいうまでもありません。まずは、他職種の視点をあらためて聴いてみるのもよいかもしれませんね。

**Q**　ケースが続きません…。

**A**　ケースが続かないと、私たちも大きく傷つきます。もしあなたが駆け出しの新人であればなおさらです。セラピストとしてNOを大きく突きつけられた、あるいは一人の人間として何か人格否定されたような気がするかもしれません。でも、大丈夫です。私（川端）も同じ感覚に陥ったことがありますし、私の周りでも同じような経験をした方は多いですよ。担当した患者さんは何故だかわからないけど、ここ数週間、心が落ち着いてきて、「しばらくは大丈夫かな」と思って中断したのかもしれません。あなたも歯科などで同じような気持ちで治療を自己中断したことはありませんか？患者さんがどのような要因でよくなるのかという調査はこの章でも扱いましたが、なぜ中断したのかの調査は少ないです。ひょっとしたら、みんな蓋をしておきたいのかもしれませんね（笑）。

でも、あなたが心理職として自己成長したいのであれば、すこし向き合う必要がある場合もあります。ひょっとしたら、患者さんは心理職としての態度や振る舞いに傷ついたのかもしれません。私たちがプロとして細心の注意を払っているつもりでも、傷つけてしまう可能性は0ではありません。実際、あなたも、担当している患者さんから以前に受けたカウンセリングの不満や愚痴を聞いたことはありませんか？私はたまに聞きます（笑）。よくピンチとチャンスは表裏一体の関係にあるといわれますよね。あなたのピンチは職業的成長のチャンスであるかもしれません。でも、ピンチを受け入れて、チャンスに変えるには、安全な環境と温かな理解者が必要です。信用できる同業者に話（愚痴⁉）を聞いてもらったり、スーパーバイザーに相談したりするのもよいでしょう。もし、そのような存在がいなかったら、「中断十カ条」（東畑、2023）から読んでみるのもオススメです。

何か困ったことがあったら、私たちも誰かとつながることを心がけましょう。「心理の不養生」なんて言われないように。

## 文献紹介

堀越勝・野村俊明（2012）．精神療法の基本――支持から認知行動療法まで　医学書院

マニュアル的にならず、しかし習得しやすいよう普遍化された視点や技法をコンパクトに学ぶことができます。何より「CBT に取り組む前に知っておきたいこと」という帯のキャッチコピーが秀逸！

日本心理療法統合学会（監修）杉原保史・福島哲夫（編）（2021）．心理療法統合ハンドブック　誠信書房

縁遠く感じるかもしれない心理療法の折衷・統合について体系立てて理解しやすく解説しています。様々な統合の側面があることを知れば、自分もやってみたいと思える身近なものとなるでしょう。

## 引用文献

American Psychological Association (2005). Report of the 2005 Presidential Task Force on Evidence-Based Practice. http://www.apa.org/practice/resources/evidence/evidence-based-report.pdf（2022 年２月７日閲覧）

Beck, J. S. (2021). *Cognitive behavior therapy: Basics and beyond*, 3rd ed. The Guilford Press.（伊藤絵美・藤澤大介（訳）（2023）．認知行動療法実践ガイド――基礎から応用まで　第３版　星和書店）

藤澤大介（編著）（2023）．認知行動療法の共通基盤マニュアル　日本医療研究開発機構（AMED）障害者対策総合研究開発事業（精神障害分野）各精神障害に共通する認知行動療法のアセスメント、基盤スキル、多職種連携のマニュアル開発に関する研究　pp. 38-39.

平木典子（2010）．臨床心理学をまなぶ４　統合的介入法　東京大学出版会

石井均（2011）．糖尿病医療学入門――こころと行動のガイドブック　医学書院

岩壁茂（2015）．専門家としての成長・発展とは何か？　臨床心理学，15 (6)，695-699.

菊池俊暁（2017）．認知行動療法の質を客観的に評価するためには　大野裕（編）精神療法増刊第４号　認知行動療法のこれから――取り組むべき課題　金剛出版　pp. 59-63.

小堀修（訳註）（2011）．強迫障害への認知療法――自分の意思で変わろうと思えるように援助する　サルコフスキス，P.（著）小堀修・清水栄司・丹野義彦・伊豫雅臣（監訳）強迫性障害への認知行動療法　星和書店　p. 55.

Kuyken, W., Padesky, C. A., & Dudley, R. (2009). *Collaborative case conceptualization: Working effectively with clients in cognitive-behavioral therapy*. The Guilford Press.（大野裕・荒井まゆみ・佐藤美奈子（訳）(2012)．認知行動療法におけるレジリエンスと症例の概念化　星和書店）

Lambert, M. J. (1992). Implications of outcome research for psychotherapy integration. In J. C. Norcross & M. R. Goldfried (Eds.), *Handbook of psychotherapy integration*. Basic Books. pp. 94-129.

Norcross, J. C., & Lambert, M. J. (2019). *Psychotherapy relationships that work: Volume 1: Evidence-based therapist contributions*, 3rd ed. Oxford University Press.

Prochaska, J. O., Norcross, J. C., & DiClemente, C. C. (1994). *Changing for good*. Harper Collins Publishers.

Rønnestad, M. H., & Skovholt, T. M. (2003). The journey of the counselor and therapist: Research findings and perspectives on professional development. *Journal of Career Development*, 30, 5-44.

杉原保史（2021）．心理療法統合の考え方と歴史　日本心理療法統合学会（監修）杉原保史・福島哲夫（編）心理療法統合ハンドブック　誠信書房　pp. 2-17.

丹野義彦（2014）．心理療法の共通要因と認知療法ではどちらがうつ病に対して効果があるか——効果量の再分析　認知療法研究，7(1)，1-5.

東畑開人（2023）．補遺　中断十カ条——若き心理士への手紙　ふつうの相談　金剛出版　pp. 157-185.

## ❈コラム❈　おかしな人がやってきた

**藤原明美**

皆様はじめまして、この度は僭越ながら「私の新人時代印象に残っているエピソード」を書かせていただくことになり、ふりかえると、かつての自分に伝えたいことになりました。勤務先の精神科クリニックは、地域に根差した医療を目指しています。臨床心理士としては１人ですが、多職種で精神科デイケアを運営しながら、訪問や同行、外来での面接や検査、地域機関との連携、関係者会議への出席などを行っています。

養成課程で学んだ分野は精神分析的心理療法でした。「カウンセラーはクライエントさんが内面を映し出す鏡になるため自分の情報を開示しない」ことを形だけとらえ、誤解していました。入職しまもないころ、デイケア室で患者さんと雑談しているときのことです。「何歳？」と質問され、「私の年齢を知りたいんですね」と真顔で返したものだから「おかしな人がやってきた」と思われたそうです。相手の立場からすれば、新しい職員に興味を示すこと自体は自然なことで、目の前で扉を閉められたような気持になってもしかたがありません。

精神科デイケアは集団でリハビリテーション活動を行う場であり、目的・対象、職員に求められる知識やスキルがあります。場違いな言動でした。学生時代に学んだつもりのことを使おうとするが、うまくいかない。そのときはそのとき、今は今。縁あって就職したら勝手がちがった。新しい分野の学びを上乗せすればいいだけなのに過去に固執し「何をしているのだろう」と思うこともありました。いろいろな方々との出会いや体験を経て、ゆっくり少しずつ変わっていき、今があると思います。グループの力は頼もしく、人が人に触れてキラキラしていく気がします。自身については、「身の回りで見聞きしていることだけを全てだと思い込む」傾向からは抜け出せそうにないので、ありのまま映し出してくれる鏡はやはり必要だと思います。

# 第５章

# 「つながる」①　多職種連携の基本

花輪祐司

皆さん、はじめまして。私は現在、単科精神科病院の心理職として働いています。臨床心理学や神経心理学が専門で、高齢者の方や認知症の方あるいはそのご家族への支援を中心に日々実践しています。現場に出てもうすぐ30年になりますが、そのすべてを心理業務として行ってきた訳ではありません。市役所の窓口で老人ホームの入所措置（介護保険前のお話ですね）を担当する行政職だったこともありますし、入院する患者さんの退院時のサポートをしたり、ご家族の相談にのる医療ソーシャルワーカー（社会福祉士）だったこともあります。高齢農家の方の健康相談に訪問したり（そのついでにコメを運んだり）、介護予防事業を新規展開する地域福祉事業スタッフだったこともあります。

今では「いろいろ雑多だな」と苦笑いするだけですが、一時期には資格を持っていても思うような心理職の仕事ができないことを悔しく感じたり、心理の仕事一本でやってきた周りの心理職に劣等感情を持ったりして、苦しく感じたこともありました。元々の性格もネガティブなので（笑）、葛藤がきっと大きかったのですね。

でも悩んだ分だけ、心理の仕事には正面から向き合おうとしてきましたし、多様な現場を踏んでいる分だけ、心理の仕事の「ここがおかしいぞ？」という部分にも気づけたのかもしれません。そんな私が皆さんにお伝えできることは少ないのかもしれませんが、私の経験をお伝えすることで少しでも参考になったり、「もうちょっとだけ頑張ってみようかな」と感じていただけることを祈りつつ、お伝えしたいと思います。

# 1　多職種連携とはいったい何のことか？

## （1）カウンセリングルームの中と外

過去に受けた養育者からの虐待が原因で心を閉ざし、暴力事件を起こしてしまう青年。そんな彼があるカウンセラーと出会い、セッションを続けるうちに心を通い合わせ、やがて自らの人生を見つめ直し旅立っていく。

20代のときに見た映画『グッド・ウィル・ハンティング』は、間違いなく私が心理職を目指すきっかけの１つでした。カウンセリングルームで青年と向き合い、ときには優しく問いかけ、ときには自らの傷つきを感じながらも、青年の成長を心から願うカウンセラー（ロビン・ウィリアムズの名演でした！）の姿にとても感動しました。私と同じ時代でこの仕事を目指した人の多くは、この映画の中のような心理職に憧れたのではないでしょうか。私たちは心理職を「カウンセリングルームの中で、クライエントとの１対１の対話や交流によって、心理的な治療を行う」仕事と捉えていたのです。

しかし心理職の世界に飛び込んですぐに、クライエントの心理的サポートはカウンセリングルームの中だけで行うものではないことを、私は思い知ることになりました。私たちのクライエントは、カウンセリングルームの外にこそ大切な関係をたくさん持っています。ご家族や職場の同僚だけでなく、主治医などもそうでしょう。カウンセリングルームの中で何かの癒しや学びが得られたとしても、それがクライエントの実生活で活かされなければ意味がない、と私は気づきました。心理職はチームの一員であり、カウンセリングルームの外でクライエントを支える人たちとの情報共有や連携が必要だったのです。

この章と次の章ではカウンセリングルームや心理テスト室の「外」で、心理職が他の人たち、とくに専門職のチームメンバーとどう協働するか、多職種連携についてお話をしたいと思います。

### ●多職種連携、その前に…

心理職として他の専門家とどのように連携をするか、というテクニカルな多職種連携についてお伝えする前に、まず覚えておいて欲しいことがあります。

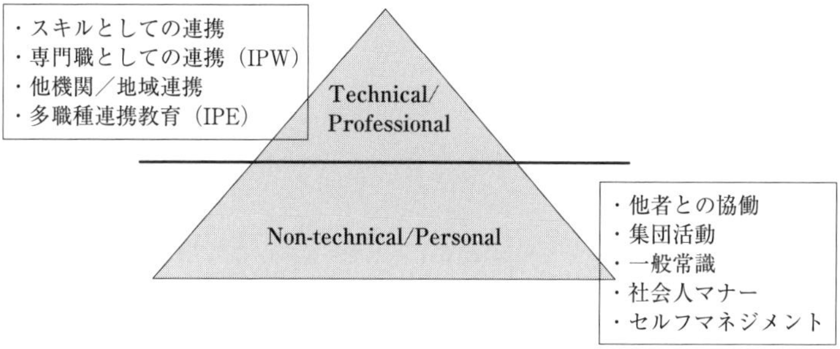


**図５-１ 多職種連携の階層**

それは、テクニカルな連携には基礎になる部分があるということです（図５－１）。

皆さんは今まで、家庭や学校などで他の人と一緒に過ごすことや共同作業をたくさん経験していますね。家族で一緒に夕飯を食べるときには何をしているか。小学校で友だちと一緒に生き物係を任されたときにはどう行動したらよいのか。クラブ活動でチームを強くするために選手として何をすればよいのか。こうした、これまでの他者との協働の体験のすべてが、皆さんの多職種連携のベースになっています。この個人的な経験にもとづくノンテクニカル（専門的ではない）な、人と協働していく部分の基礎がちゃんとできていれば、多職種連携のほとんどは成り立つと言ってもけっして言い過ぎではないでしょう。

もし「連携がうまくいっていない」と感じることがあれば、まずはご自身のノンテクニカルな協働関係を確認してください。たとえば「しっかり挨拶できているか」「自分勝手な言動をとっていないか」といったことです。ここをチェックするだけで、連携においてかなり見直せる部分があります。

### ●心理職は多職種連携が苦手？

2018年の臨床心理士会のアンケート調査をみると、医療分野に限定してはいますが、６割以上の心理職が何らかのチームに加わって仕事をしています（日本臨床心理士会、2019）。ちなみに連携した診療科としては「精神科」がもっとも多く（47.5％）、職種としては、「医師」（86.1％）、「看護師等」（77.1％）が高率でした。身体科との連携が多くなっていることや、地域の関係機関との連携も幅広くなされていることも確認されました。私たち心理職にとって今や多職種連携やチーム連携は当たり前になってきています。

ところがかなり以前から「心理職は多職種連携が苦手」と言われてきました。皆さんの中にも、多職種連携が「うまくいかない」「苦手」と感じる方は多いのではないでしょうか？

下山晴彦先生らの調査で、心理職を対象に多職種連携についてのアンケートをとったところ、じつに98％が連携や協働が困難と感じている、という結果でした（下山・中嶋、2013）。どんな職種でも連携は簡単なことではありませんが、それにしても心理職は連携での困難を感じやすい職種のようです。

この調査結果を見て私は「連携を苦手に感じているのは自分だけではないのだ」と正直ホッとしました。ですから連携がうまくいかずに「私は専門家失格ではないか？」「心理職としての力量不足ではないか？」と悩んでいる方がいたら、安心してください。そもそもみんな苦手なのです（笑）。

ところで心理職がなぜこのように多職種連携に苦手意識を持つのか、その理由について検討した調査（樫原・川崎・髙木・羽澄・能登・下山、2015）では、心理職の持つコミュニケーション能力の低さや、プライドの高さなど、いわゆるノンテクニカルの問題があることが明らかになりました。また職務面からの要因として、心理職は個人療法が多いのでチームへのコミットメントが低く、守秘義務との関係で情報を外にださない体質があることもあげられました。養成課程の中で多職種連携の教育を受けてこなかった問題も大きいようです。

この中で私がとくに注目しているのは、心理職はプライドが高い、という点です。たしかに自尊心が高いなどの性格的なことで連携がうまくいかない心理職の方もいるかもしれません。しかし私は性格の問題よりも、心理職が現場に出るまでの教育年数の長さや、現場に出た後の資格更新、スーパービジョンなどの訓練期間の長さが影響しているように思います。つまり他の専門職よりもトレーニングや自己メンテナンスに多くの時間やお金がかかっているので、「私はこれだけのことをやってきた」という自負が高くなるのではないでしょうか。中には私のように、時間やお金をいくらかけても「大して成長できていないなあ」と自己評価が低めの方もいるでしょうが。

ただ自負が高くなる一方で、積み上げたその心理スキルを、他の専門職の仕事や社会のために役立てようという意識は、残念ながら低かったのかもしれません。私たちは心理の専門性を高めることに力を注いできたのかもしれませんが、心理の社会性を高めることには関心が乏しかったのかもしれません。「心理職は社会の中でこんなに役に立ちますよ」というアピールができていれば、連携に関する苦手認識も変化していたかもしれないと思うのです。

●多職種連携は年の功？

もう１つ大切な点があります。それは若手の心理職は多職種連携を苦手に感じやすい、という点です。近藤孝司先生らの研究によると、若手心理職は、多職種連携に消極的でそこから逃避しやすい傾向があり、チーム内での孤立をより多く経験していました。一方ある程度の経験を積んだ心理職は、連携への消極的な態度や孤立を感じる体験は減り、チーム全体の視点から心理職の立場を主張する体験が増えていました（近藤・長屋、2016）。

この研究結果から心理職の多職種連携には経験年数が大きく影響していることがわかります。言い換えると、心理職としての経験が浅いうちは、多職種連携を苦手に感じることはごく自然なことだということです。誰でも最初は「私は力不足では？」と不安なのです。若手ならではの「力不足の感覚」を自分の中でうまく処理できていないと、「専門家なのだからわからないとは言ってはいけない」「他職種の期待には必ず応えなくてはいけない」など考えに偏りが生まれ、自分の首を絞めていくことになります。

じつは経験を積んだ心理職でも、多職種連携での悩みがまったくないわけではありません。私もいまだに連携がうまくいかずイラっとしたり、落ち込んだりすることが多々あります。先のアンケートで経験者が悩みを示しにくいのは、たんに若いころよりも神経が図太くなったので、気分の落ち込みからの回復が若手の皆さんより少しだけ早いというだけのこと、と私は思います。

「なんだ、そんなことか」と拍子抜けしてしまったかもしれませんが、多職種連携の苦手さの背景には専門家としての自分の力不足の感覚もあることを知っておくとよいでしょう。

## （2）専門職のコミュニケーションとは

心理職が苦手意識を持ってしまう多職種連携ですが、その重要性について経済学者のDrucker（1973 上田編訳 2001）は次のように指摘しています。

「専門家にとってはコミュニケーションが問題である。自らのアウトプットが他の者のインプットにならないかぎり、成果は上がらない。」

専門職間の連携をコミュニケーションのアウトプット／インプットという情報処理の形で示している点がなんとも経済学者らしい表現ですね。専門家のアウトプットとは、専門性を発揮した上で得られた成果のことで、私たち心理職で言えば、心理的アセスメント結果などを指します。しかしその内容がどんなに優れていても、それをインプットした医師や教員などが「ではあの薬は調節しよう」「クラスでのかかわりを変えてみよう」と自らの専門性を発揮するきっかけにならなければ、クライエントの利益に繋がらない、ということです。

さらに専門職間のコミュニケーションの失敗、たとえば不適切な情報伝達（ミスコミュニケーション）や、情報交換の少なさ（ディスコミュニケーション）はヒューマンエラーや医療ミスなどの事故を引き起こす原因にもなります。

医療機関では、とくに医師と他職種の間でのコミュニケーションの失敗、たとえば「気を遣い過ぎて、あるいは仕事に口出しできないと感じて、間違いを修正できない」「指示系統や暗黙のヒエラルキーに対抗できず、エラーを指摘できない」といった状況で、医療ミスが起こりえます。

幸いにも私はこれまで重大な事故の経験はありませんが、「あのときしっかり主治医に情報を伝えておいてよかった」とヒヤリと思うことは何度か経験しています。心理職が「多職種連携が苦手だから」といってコミュニケーションの失敗を放置すると、こうした医療ミスやヒューマンエラーの原因になりかねないということは覚えておいた方がよいでしょう。

### ●やっぱり難しい「多職種連携」——私の経験から

とはいえ、多職種連携が難しいことは変わりません。私も偉そうなことを言っていますが、多職種連携に関してはいつも失敗ばかりで、未だ「よし！今日は上手に連携ができたぞ！」と祝杯をあげる日は来ていません。

とくに心理職として現場に入りたてのころは失敗ばかりでした。多職種でのカンファレンスなどはもう最悪で、患者さんの心理状態を伝えようとする思いばかりが空回りして、とにかく専門用語をたくさん使って説明していました。最初のうちは、自分の空回りに気が付きませんでした。しかしある日看護師がとったカンファレンスの記録をみてとてもショックを受けました。そこには私が伝えたかった情報がほとんど記載されていなかったのです。

皆さんもカンファレンスに参加した後は、ぜひ記録を読み返してみてください。自分が本当に伝えたかったことが記載されているかどうか、他職種に自分の言葉がどう伝わったのか（伝わらなかったのか）がよくわかります。

でも最初のころは、私も謙虚になれず「なんで伝わらないのだ！」と腹を立てていました。いわゆる逆ギレですね。専門職としての自分がチームに受け入れてもらえない感覚があり、悔しい思いもあったのだと思います。

でも冷静になって思い出してみると、カンファレンスで私が発表している間、看護師など他職種の皆さんは「きょとん」として、あまり聞いていなかったのです。私自身が他職種と双方向のコミュニケーションをとっていなかったことが原因だと気づきました。この経験から、今のカンファレンスでは「心理テストの結果はこう出ているけど、病棟ではどうでしょうか？」と他職種に尋ねながら発表できるようになり、伝えたかったことが少し伝わるようになったかな？と思います。

最初は誰でも難しく感じる多職種連携ですが、ほんの少し自分の態度に注意を向けたり、伝え方を工夫したりするだけでうまくいくことも多いのです。

## ２ 多職種連携学び方ガイド

### （１）多職種連携の知識と態度を学ぶ

それではこれから具体的に多職種連携をどのように学んでいけばよいのか、お話をしていきます。多職種チームの中で効果的に働くための条件として、Keeping（2010）は以下の３つをあげています。

条件１は「知識」で、他の専門職の役割や業務の内容を学ぶこと、自分の専門性の限界を理解することが含まれます。条件２は「態度」で、多職種連携への参加の意識を高めることや、信頼と相互の意識を高めること、人あるいは専

| レベル | コンピテンス | 習得すべきスキル |
|---|---|---|
| 個人レベル | 知識 | ○多職種の役割、倫理的価値などを理解する |
| | 態度 | ○協働参加への意欲を持つ<br>○相互の信頼と尊敬の態度を養う<br>○個人的自信と専門職としての自信を養う |
| | 関係スキル | ○オープンなコミュニケーションスキル<br>○チームワーキングスキル |
| チームレベル | チーム構造 | ○メンバーを集め、小規模チームを作る<br>○定例ミーティングを開き、チーム内力動を理解する |
| | チームマネージャー | ○リーダシップスキル（葛藤マネジメント） |
| 組織レベル | 機関レベル | ○メンバーシップ支援と改善への報酬<br>○革新性の推進と相互依存的思考 |
| | 他機関ネットワーク | ○チームの効果に対する評価<br>○チームへのフィードバックと多職種教育 |

**図5-2　多職種連携の学び方**

出所：副田（2018）（一部改変）

門職としての自信を持つことが含まれます。条件3は「関係スキル」で、オープンかつ正直なコミュニケーションスキルを持つこと、意見対立を克服するコミュニケーションスキルを持つこと、専門的視点からの情報をわかりやすく伝えるコミュニケーションスキルを持つこと、チームワークのスキルを持つことなどが含まれます。

図5－2は多職種連携を効率的に学ぶためのガイドとして、私がよく引用するものです。このガイドに従うと、連携の学び方にはある程度の順番があり、個人レベル→チームレベル→組織レベルと、下に行くほど、高度なスキルと経験が必要になっていきます。

若手の心理職の皆さんは、Keepingの3条件を参考にして作られた個人レベルで習得するスキル「知識」「態度」「関係スキル」を意識されるとよいと思います。まずは「知識」からお話していきます。

### ●他職種のこと、どのくらい知ってる？

他職種と一緒に協力して仕事をしていくためには、相手のことをよく知らないといけないですね。その職種が何を専門にしているのか、どんな役割を持っているのかなど、他職種を理解するための情報を集め、知識として身につけることから始めていきます。と言ってもその職種の専門書を読む必要はなく、現場に出てすぐの人向けの入門書などを読んでおくだけで十分です。

職種ごとの「倫理綱領」を読むこともおすすめです。倫理綱領はその職種の行動上のルールや責任の範囲が示されているので、「なぜあの医師は患者さんにあんなこと言ったのだろう」「あの看護師があんなに患者さんに親身になるのはなぜか」といった疑問に答えてくれます。医師の「ヒポクラテスの誓い」、看護師の「ナイチンゲール誓詞」など、他職種の世界的な倫理基準にさっと目を通しておくこともよいと思います。

他職種を知る手段として、実際の仕事のフィールドにお邪魔して、その中身を体感的に学ぶこともよいですね。私の場合ですが、若手のころに各職場の所属長に直接交渉に行き、他職種の仕事の見学や短い実習をお願いしていました。今考えると我ながらよくやっていたなと呆れますが、きっとそれくらい必死だったのでしょう。でもこうしたかかわりは、結局他職種との接触回数を増やして、顔の見える連携にもなるし、よい関係が作りやすいという効果もありますから、皆さんもよかったら試してみてください。

### ●多職種連携の態度は学べるのか？

Keepingの３条件のうち２つめの「態度」は、じつは学ぶことが一番難しいのです。「チームに参加してみよう」「他職種の人を信頼してみよう」といった多職種連携の態度をその人の中に養うには、認知面や行動面の変化を引き起こさなくてはなりません。もともとオープンマインドな人や好奇心旺盛な人は、それほど苦労はしないかもしれません。しかし私もそうですが、心理職を志す方の中には、そうでない気質の方も多く、そこから多職種連携の態度を獲得していくのは簡単なことではありません。

また多職種連携の態度には、うまく付き合うだけでなく「心理職として自信を持つこと」が含まれています。ある専門性を追求してスキルが向上すれば自信はつきます。しかし専門性を極めれば極めるほど、他の職種との役割や認識の違いが明確になり、連携はかえって取りにくくなります。まさにディレンマですね。専門職としてのスキル（自信）と連携の態度を同時に養う方法はない

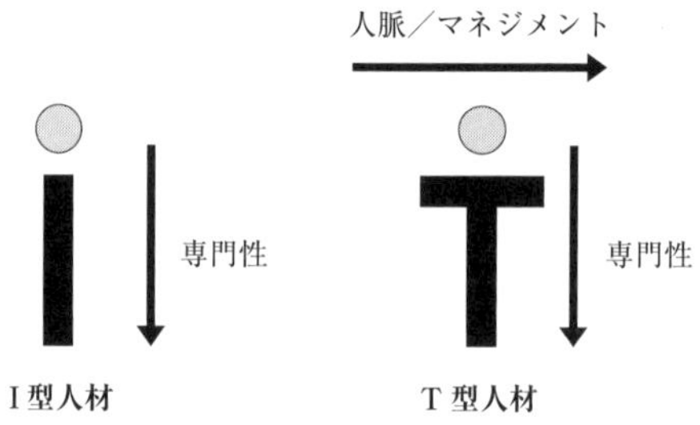


図5-3　I型人材とT型人材

出所：Brown（2007）

ものか。じつは1990年代の日本企業は同じような悩みを抱えており、その解決に役立ったのが、「I型／T型人材」という考え方でした。

「I型／T型人材」という考え方は、マッキンゼー＆カンパニーというアメリカのコンサルティング会社で1980年ごろから使われ、やがて既存の枠組みを超えた新しい人材育成の概念として広がりました（Brown, 2007）。I型人材とは、１つの専門分野に優れている技術者のことで、深い知識と研究スキルがあるスペシャリストを示します。一方のT型人材とは、１つの専門スキルを持ちながら、同時に人脈やマネジメントスキルなどのソフトスキルを持っている人を示します。つまりスペシャリストである「I」の部分に、横に広がるTという翼をつけたゼネラリスト、というわけです（図５－３）。

1990年代当時の日本企業には一つの専門技術に精通した技術職、つまりI型人材が多く、専門性は高かったのですが、その分柔軟性に乏しく、新しいことにチームで挑戦する横の力が弱い傾向がありました。そこで自らの専門性を保ちつつ、他の専門職ともつながって、実社会での問題解決に活かせるT型人材が広く求められるようになりました。

私たち心理職に置き換えてみると、縦に向かう「I型」の力がカウンセリングやアセスメントなどの専門的スキルであり、横につながる「T型」の力は、多職種とつながるための協調性やコミュニケーション能力と言えます。専門職としてのスキルと自信を備えつつ、他の専門家への信頼と参加を表明するT型人材のイメージは、多職種連携の態度を養うのに大いに役立ちそうです。

もし多職種連携で悩みやすかったり、消極的になったりして「うまくいかないな」と思ったら、このIやTの形を思い出していただくとよいかもしれません。たとえば自分の心理職としての専門性にすごくこだわっていて、他職種と何らかの軋轢が出ているとき、そのときの自分は「I」に近い態度を取っているかもしれません。この形は体もすごく硬くて緊張しそうです（笑）。

またもっと連携したいな、と思えば、「T」の形をイメージしてみて、実際に自分の手を広げてみるといいかもしれません。身体の動きと視野の広さは連動するので、自分の身体の感覚を使って、横につながる「T」のオープンな感覚を探っていただくとよいと思います。

実際の現場では心理職としてI型の専門性が必要なときもあるし、T型として視点を広げ、他職種とつながって新しいことに挑戦する態度が求められる場合もあるでしょう。自分がいま「I」「T」のどちらに近いか気づいたり、場面や状況によって「I」「T」をうまく使い分けるようになると、連携の態度はかなり養えていると言えるでしょう。

### （２）多職種連携の関係スキルを学ぶ

連携を学ぶ方法の３つ目は、チームにうまくなじむための関係スキルです。心理職はいわゆる一人職場も多く、規模の大きな病院に心理職が１人だけとか、周りは他職種ばかりで心理職の採用は今回がはじめて、などの現場が多くあります。このような状況で既存の多職種チームや新しい組織にうまくなじめず、悩む心理職の方も多いと思います。

じつは私は「チームの中で心理職が１人」「その組織で心理職採用がはじめて」のどちらのパターンも経験しています。当時の私は若手の心理職で、同じ職種の人が周囲に１人もいないなんて、不安でしかありませんでした。周りにいる医師や看護師の専門性の高い仕事ぶりにただ圧倒され、「私はチームの中で浮いている」「何も貢献できていないのでは？」とずいぶん悩みました。なんとかチームになじむための方法はないかと、書籍や研修などを探しましたが、当時はあまり参考になるものはなく、結局手探りで多職種との関係を作っていくしかありませんでした。今は連携やチームについての知見が増えて書籍もたくさん出ていますね。こうした本を読むとしみじみ「若いころに読みたかったなあ」と思います（笑）。

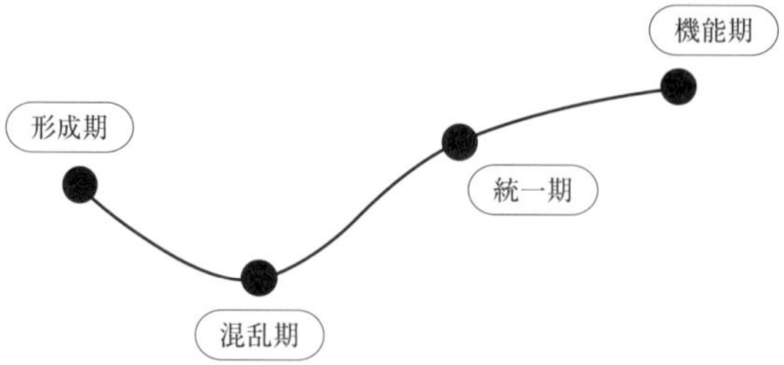


**図5-4　チームビルディングの「Tuckmanモデル」**

出所：Tuckman & Jensen（1977）

ここでは私のこうした経験を踏まえ、チームにうまくなじむための方法、多職種との関係スキルについてお話をしますが、その前にまず多職種の「チーム」がどのようにして作られているのかを確認しておきましょう。「Tuckmanモデル」（Tuckman & Jensen, 1977）というチームビルディングのプロセス図を使って説明していきます（図５－４）。

チームとは、ある目的のために集められた集団です。たとえば「精神科アウトリーチチーム」は、精神疾患を持つ患者さんのご自宅に多職種で訪問しサポートを行うことが目的で、そこでは医師、看護師、作業療法士、心理職、精神保健福祉士などの職種が集められ、チームを形成します。これが「形成期」です。形成期は既存のチームに新しいメンバーが入る場合にも起こります。

そしてどんなチームでも必ず次の「混乱期」を通過すると言われています。ここはメンバー間の意見の違いや対立が表面に出てくる時期です。アウトリーチチームでも、主治医と看護師の意見の違いがあったり、同じ看護師同士で見解の違いが出てきたりします。メンバー間のいろんな対立が次から次に出てくるため、チームの機能は一時的に低下し、関係もぎくしゃくしてしまいます。

こうした違いや対立を経て、やがてチームは１つの目的に向かって試行錯誤し始める「統一期」に入ります。多職種でケースカンファレンスをしたり、同じ研修に参加したりする中で、それまでバラバラに行っていた専門的な分業を「１つの作業」として統合することを試み始める段階です。

そして最終的に、チームが一体となって、目標に向けてパフォーマンスがあがっていく「機能期」が訪れることになります。

チームプロセスで考えた場合、とくに新しいチームへのなじめなさに悩む「形成期」と、自分を含めたメンバー間の意見対立に悩む「混乱期」は、若手の心理職がストレスを感じやすい時期と言えるでしょう。

## ●知ってもらうコミュニケーション

こうした形成期や混乱期にうまく対処するために必要なのが、それぞれのステージにあったコミュニケーション・スタイルです。

ここではコミュニケーションスキルの改善や自己理解ワークなどでよく使われる「ジョハリの窓」を使って解説していきます。心理学部出身の方はやったことがある人が多いのではないでしょうか？

ジョハリの窓には４つの窓があり、「自分が知っていること」と「他人が知っていること」を掛け合わせて、相手とどのように信頼関係を作るか、自分に足りないコミュニケーションを探す手掛かりにするものです（柳原、2018）。

結論から言うと、多職種チームにうまくなじんでいくためには、「開かれた窓：自分も他人も知っている窓」をできるだけ大きくする必要があります。つまり、心理職は他職種のことをよく知っていて、他職種は心理職のことをよく知っている状態、ですね（図５－５）。

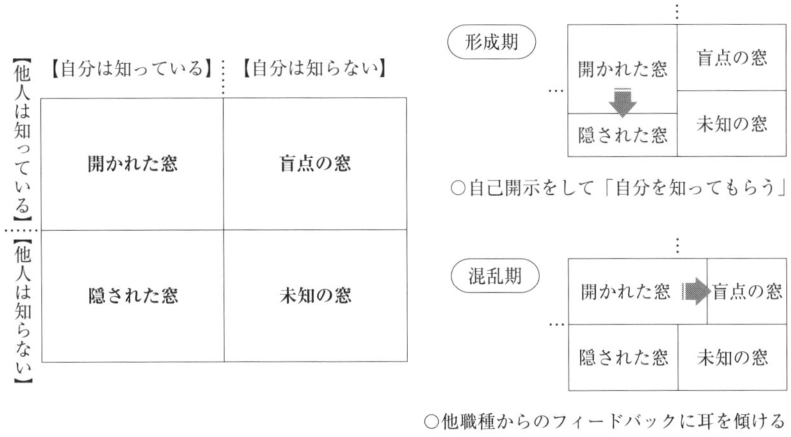


図5-5　ジョハリの窓

出所：柳原（2018）

とくに心理職が新しいチームに参加する形成期には、心理職という職種を他職種に「知ってもらうコミュニケーション」が有効です。情報を積極的に発信したり自己開示したりして、他職種の知らない領域、ジョハリの窓でいう「隠された窓」をできるだけ小さくしていきます。

ここでの目的は、その現場で心理職がどんなことに役に立つのかを伝えていくことです。心理職の専門性を正しく理解していないとできないし、その限界もわかっていないと説明できません。その現場で心理職ができることとできないことを、自分なりにまとめることから始めましょう。

他職種に知ってもらおうとする際には、忙しい現場に合わせてその方法を工夫するとよいでしょう。たとえば「心理職の紹介」をプリントアウトして渡してみたり。忙しい医師や看護師にケースの情報を伝えるときには、要点を絞って１～２分程度の立ち話で済ませるhalfway handoff（Kirkpatrick, Vogel, & Nyman, 2011）を使ってみたり。これらによって情報を効率よくまとめるスキルや、専門用語を簡潔に言い直すスキルも身につくのでお勧めです。

心理の職務のことだけでなく、自分自身のことを知ってもらうことも同じくらい大切です。たとえば雑談として趣味の話をするとか。写真入りの軽い自己紹介をつけた名刺を渡すのもよいかもしれません。インフォーマルな情報は人との関係を円滑にしてくれます。もちろんすべての情報を正直に「さらけ出す」必要はまったくありません。むしろ普段の自分とは少し違う「オープンな私」を演じるくらいがよいと思います。

じつは私はもともと人付き合いが苦手で、どちらかというと一人静かに過ごしていたいタイプの人間です。しかし職場での私は他職種にわりとオープンに話しかけていき、少し冗談を言って場の空気を和ませたりします。夏祭りなど院内イベントにはできるだけ参加するし、人から頼まれたことは極力断らないようにしています。これらはほとんどが自己演出、self-produceで意図的に行っていたことで、本来の私にはない特性です。とくに若手の心理職のころはチームになじむのに必死だったので、「オープンな私」を頑張って演じていました（笑）。最初は自分のカラーに合わず苦労も多かったですが、今ではかなり自然にふるまえるようになりました。こうしたコミュニケーションで職場のニッチ（隙間）を埋めるような仕事が少しずつ増えて、今の私の心理職としての立場を確立させていったのだと思います。

「知ってもらうコミュニケーション」を実践しようとしたら、部屋にこもっていてはダメですね。心理室内で所見作成に精を出すのももちろん大切ですが、目の前のPCはいったん閉じて、心理室の外に出てみましょう。外に出ていろんな職種の人と出会い、コミュニケーションの機会を増やすことも立派な仕事と理解しましょう。私も「院ブラ（病院内をブラブラする）」をよくしています。その際、白衣のポケットにいつも甘いもの（小袋入りの飴やチョコ）を忍ばせておき、他職種の人と出会って話をするとき、さりげなく「いつもお疲れ様」と渡します。すると会話も自然と盛り上がりますし、親密度も高くなります。これも自己演出の一つですが、いつも手提げに「飴ちゃん」を忍ばせて、道行く人たちとの交流を円滑にする大阪のおばちゃんから学んだ、私のコミュニケーション術でもあります（笑）。

### ●教えてもらうコミュニケーション

心理職をよく知ってもらい、自分の意見も言えるようになっても、医師や看護師との意見が異なり、ときには対立してしまうことがあります。チームの混乱期がやってくると、誰であっても強いストレスを感じやすくなります。

こういうときは、他職種からの情報を積極的に受け取る、他職種から「教えてもらうコミュニケーション」にシフトするとよいでしょう。とくに若手心理職の間は、自分の仕事に集中するあまり他の専門職の仕事に関心が乏しくなったり、忙しすぎて他の専門職の仕事にまで興味を持つ余裕がなかったりします。そうすると「自分の仕事だけしていればいい」「一人のほうが気楽」となりやすく、協働して取り組もうとする態度は痩せて、他職種との価値観や意見の違いばかりが際立つことになります。悪いことに、心理職は一人だけでやろうとしても、ある程度はできてしまうのです。こうしたことが続くと、いくら心理職が意見を言えるようになっても「自分の意見だけが正しい」と周りから距離を置くようになったり、反対に「どうせ私の意見は見当違いだ」と自信をなくしてしまいかねません。

このような状況を予防するために、自分の意見だけが正しいわけではないことや自分の意見の優れているところなどを外から教えてもらい、それに気づくことが大切です。ジョハリの窓の「盲点の窓」をできるだけ小さくしていきます。フィードバックを受ける、という言い方をしますが、自分にはまだ知らない情報があるかもしれないことを他職種から教えてもらうのです。

他職種からのフィードバックを受けると、外から見たときの自分、チームの中で心理職がどう見られているかが、よくわかります。心理職のイメージが自分のイメージと違っていてビックリすることも多くあります。私も他職種と話をしているとき、ふいに「先生」と呼ばれビックリしたことがあります。「先生はやめてください。そんなに偉くないですよ」とやんわり返すのですが、外からそういう風に見ている他職種もいることにかなり驚きました。このように客観的に心理職としての自分を見つめ返すことができると、他職種に伝える内容が少し違ったものになり、相手にも受け取りやすくなっていきます。

フィードバックを受けるときは謙虚な態度がとても大切です。たとえすでに知っている話が出てきても、教えてもらっていることを忘れず、興味を持って聞きましょう。多職種連携がうまくいかない人の中に「伝える」は得意でも「聞く」は苦手な人がいますね。とくに「私は何でも知っています」「そんなこと、とっくの昔に気づいていました」という態度をとる残念な心理職の方がときどきいますが、こういう態度はチームの中では結局なじめず、孤立しやすいことを覚えておきましょう。対立が多い混乱期こそ、自分の正しさや専門性はいったんわきに置いて「教えてください」という態度で、他職種とコミュニケーションをとると乗り越えやすくなるでしょう。

### ●多職種連携をどのように教えるか悩んでいる先輩へ

学生時代に多職種連携を学ぶ機会がなかった私たちは、現場に出て悩みながら、１つひとつの連携を体験して身につけるしかありませんでした。今、多職種連携を後輩心理職や学生に教える立場になって、実習や研修でそれをどうやって教えたらよいか、頭を悩ませている人は多いと思います。私も頭を抱える一人ではありますが、これまで多職種連携を教えるクラスを何度か担当してきた経験から、少しだけお伝えしたいと思います。

１つには私たちが体験したことそのままを伝える（多職種連携体験談）ことがよいでしょう。成功談（こうすればうまくいった）だけでなく、失敗談（これはやってしまった）も多く伝えてください。多職種との連携は失敗談の宝庫ですから、自然とそうなるかもしれませんが。失敗談を共有することで後輩も安心しますし、失敗から学ぶことも多いはずですから、これは大きな財産になると思います。

もう１つは体験型ワークショップがよいと思います。私の場合は、たとえば多職種連携の態度としての「I型／T型」の感覚を養うために、実際にI型の姿勢やT型の姿勢を数十秒間とってもらい、自分の身体がそれをどのように感じたか、IとTで違いはあったか、などを体験してもらっています。

また「多職種体験型ロールプレイ」もなかなか参加者に好評でした。担当医や看護師などの役割を決め、あるケースのカンファレンス場面をロールプレイするのですが、多職種を演じる人には「職種カード」だけでなく、その職種の「性格カード（頑固おやじタイプ、言いなりタイプなど）」もくじで引いてもらいます。たとえば、頑固おやじタイプの性格カードを引いた医師役の人は、自分の意見は絶対に曲げず、「いいから俺の意見に従え」とカンファレンスで他職種に迫るわけです。演じる人には正直ハードルが高くなりますが、どんな性格を引くかわからない面白さがあり、見ているオーディエンスも「いるいる、こんな人」とかなり盛り上がります。

このように多職種連携を教えるのに、遊び心や好奇心といった要素を織り交ぜていくと、教えやすいし研修効果も高まります。実際の連携の現場でも、他職種への好奇心や、チームプレイでの遊び心はとても大切ですから実用的でもあります。ぜひチャレンジしてみてください。

### （３）守秘義務と多職種連携

守秘義務と多職種連携の関係は、本当に繊細な問題を含みます。守秘義務の観点から、他職種への情報開示や連携に消極的な態度をとる心理職がいることも事実です。カウンセリングを行うとき、そこに「話された内容に関する秘密を守る」という心理職の援助原則がなければ、クライエントは安心して心の内を語ることはできないからです。その一方で、心理職はクライエントにかかわる家族や他職種と情報を共有し、連携し協働することも求められます。

自傷傾向のある女子生徒の担任教師から「本人の安全確保のため、危険な行

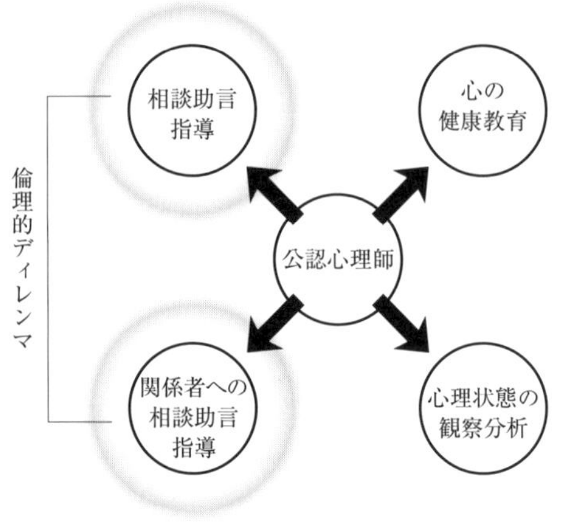


**図5-6　公認心理師の４つの業務と倫理的ディレンマ**

出所：公認心理師法第２条を参考に筆者作成

動があれば必ず情報提供してほしい」と頼まれていた心理職は、女生徒のカウンセリング中に「じつは最近リストカットしている」「担任の先生や母には絶対言わないで」と打ち明けられたとき、どうすればいいのでしょうか？

守秘義務と多職種連携の双方に心理職が守るべき価値が含まれており、これらが衝突する悩ましい状態を「倫理的ディレンマ」と言います（図５－６）。

### ●答えの出せないところで悩み続ける力

このような倫理的ディレンマ状況は、心理職を含めた対人援助の仕事ではかなり頻回に起こります。そして倫理的ディレンマに対しては「これが正解」と言えるような、マニュアル的な解決方法はなく、個別のケースに合わせた解決方法を手探りで考えていかなくてはなりません。

私は心理職を含めた対人援助職は「人と人との間に自ら入っていく仕事」だと思っています。ある人とある人の間、ある状況とある状況の間には当然どちらが正しいと言えないような、曖昧で悩ましいことばかりが起こります。正解のない曖昧なところに自ら入っていくのだから、対人援助職は物好きです（笑）。たぶんこうした曖昧な状況をできるだけ避けたい、手早く解決したいという人は、対人援助の仕事にはあまり向かないでしょう。逆に言うと、こうした「正解のなさ」に仕事の醍醐味ややりがいがあり、そこで悩み苦しみ続けるところに私たちの成長があるような気がします。

私の大学院時代の恩師は「古典的な文学や小説をたくさん読みなさい」とよく言っていました。当時の私はその理由もよくわからないまま、カフカやイプセンやサガンなどを読んでいました。今にして思えば、このような古典的な文学や小説には、どちらが正しいとは言えないようなディレンマ、どうしても解決できない苦しみが多く描かれていました。そうした物語に学生の間にたくさん触れて、今のうちから葛藤耐性スキルを鍛えておきなさい、答えのないところで悩み続けるということもまた心理職の力なのですよ、という恩師のメッセージだったのだと思います。

### ●守秘義務の例外状況

ずっと悩み続けるなんてとんでもない仕事を選んでしまった！と不安にさせてしまったかもしれせんね（笑）。でも安心してください。正解はありませんが、守秘義務と多職種連携の両立を目指せる道標はあります。

その１つが「守秘義務の例外状況」です（金沢、2006）。つまりクライエントとの守秘義務を前提にしつつ、例外的に関係者に情報提供できる状況のことで「クライエントや関係者の生命の危険が迫っているとき」「クライエントを支援する支援者同士のカンファレンスのとき」「情報提供についてクライエントの同意があるとき」などが当てはまります。

多くの心理職と同じように、私もカウンセリングの契約をするときに、上記の守秘義務の例外状況について書類を渡して説明しています。こうしたインフォームド・コンセントの流れを作っておいたおかげで、幸いにもこれまでに大きなトラブルになったことはありません（もちろん悩むことは多いですよ）。

例外状況にはカンファレンスのことも含まれていますね。これは言い換えると「集団守秘義務」の考え方です。多職種それぞれから得られた患者の個人情報は、チーム内で適切に管理され、保護され、共有されます。そしてその情報を多職種で共有して計画を作り、支援することが一般的になっています。心理職はクライエントとの１対１の守秘義務で信頼関係を形成しながら、同時に機関の集団守秘義務にのっとって多職種協働で支援していることになります。

ただこの例外は、そのときのクライエントとの信頼関係の程度やカウンセリングの進行状況によって変わります。私もケース情報を他職種に積極的に提供する場合もあれば、そうでない場合もあります。その情報提供がクライエントにとって有益に働くかどうかが私の判断基準ですが、自分の判断に絶対の自信があるわけでもありませんし、正直毎回不安な気持ちでいっぱいです。

ただこのような臨床的な判断力を養ってくれるのは、やはりスーパービジョンや事例検討会などのトレーニングだと思います。こうした機会を通じて、先輩や他の心理職も同じように悩んでいて、正解がないところで踏ん張っていることを共有し合えると、難しいディレンマ状況に少し対処しやすくなるのでしょう。

皆さんもこうした悩みをしまってしまわず、できるだけ外に出してシェアできる機会を意図的に作っておかれるとよいと思います。

◇Q＆A◇

**Q　他職種と仕事以外で仲良くする必要はあるのでしょうか？**

他職種と仕事上の交流やコミュニケーションの機会を持つことが大切なのはわかりました。でも仕事以外の面で交流したり、他職種の趣味や人柄を知ったりする必要まであるのでしょうか？

**A　関係スキルや交流する機会があればOKです**

私が若いころはまだ飲みニケーションが盛んで、職場の中では言えないような愚痴が言えたり、相談ができたりする関係がありました。職場では見られないような顔が見られたり、意外な共通点が見つかったりするので、私はメリットが多かったかなと思います。お酒の失敗も多かったので、そういう意味ではデメリットもたしかにありましたが(笑)。

時代が変わって、職場の同僚とはビジネスライクな関係がよいと感じる方が増えましたし、飲みニケーションなどインフォーマルな付き合いは少なくなったので、他職種の趣味や人柄までは知らなくてもいいのでは？と感じるのも当然ですね。

要は他職種と関係をつくるスキルを持っていて、オンでもオフでも他職種と交流できる機会が確保されていればOKです。他職種とのコミュニケーションの質量とも乏しく、孤立している状況さえ予防できていればよいと思います。

ただ仕事以外の付き合いをすると、全体の仕事が格段にうまくいくようになる場合があることも事実です。私は高校、大学、社会人とラグビーチームに所属していました。とくに学生のうちに経験したことですが、フォーメーションなどのチームスキルは、１週間ほどの合宿の後に急激に上達することがよくありました。ある一定の期間寝食もともに過ごすと、ラグビー以外の交流時間が増え、お互いの趣向や信条、ときには好きな人への思い（笑）などを打ち明け合う機会が多くなります。こうしたインフォーマルな情報の交換が相互理解を促進し、フォーメーションでの息が合いやすくなり、チーム力が高まるのだと思います。

### Q　多職種との意見の違いは、どう考えたらよいでしょうか？

心理の専門家としての意見をようやく言えるようになったのですが、他の職種との意見の違いがあって、モヤモヤしてしまいます。「こっちのほうがいいのに」とイライラしたり、何が正しいのかわからなくなってしまいます。

### A　目隠しをして象を触っていませんか？

多職種と意見が違うとき、とてもイライラしたり、クヨクヨしてしまうこと、私にもよくあります（笑）。

インドの古いことわざに「群盲評象」という言葉があります。ある日、目の不自由な人たちが「象とはどのような生き物なのか調べにいこう」と出かけました。１匹の象を皆で調べ終わった後、象はどんな生物なのかを話し合いました。しかし象の鼻を調べた人は「くにゃくにゃと蛇のような生き物」と答え、象の足を触った人は「柱のような体を持っていた」と答え、そして象の牙を触った人は「とても鋭い牙を持つ獰猛な生き物」と答えました。みな象についてバラバラのことを主張し、それぞれ自分が正しいと譲らなかったので、結局象がどんな生物かわからなかった、というお話です。

象のように大きく全体的な物事を調べるとき、部分的な情報のすべてに正しさがあります。部分的な情報に左右されると、物事の全体的理解から遠ざかるという「群盲評象」の教訓は多職種連携での意見対立の構造そのものであるように思います。クライエントの多様性や全体性に気が付かず、自分が調べたところや見立てだけがクライエントの全てと思い込んでしまい、他職種と対立してしまう。専門的知識を獲得している人ほど、自分だけは正しいと思い込んでしまうのかもしれませんね。

対立の解消には、まず「自分の目がよく見えていないかもしれない」ことに気づくことが大切です（象を調べた人たちは自分たちの目が不自由なことを忘れて議論していました）。そして目隠しをとって（自分の専門的正しさはいったん横に置いて）、他の人の意見に対して「そういう視点もあるかも」と少しだけ譲り合ってみましょう。全体を優先するとチーム内の意見対立は解消の方向に向かい、チームはクライエントのことをもっと深く理解できるようになると思います。

私も目隠しをとるのにずいぶん時間がかかりましたが、次第にカンファレンスで他の職種のコメントに対して「そういう見方もたしかにありますね」と言えるようになりました。言葉に出すことで、クライエントの多様性や全体性に関する意識がチーム内で共有されやすくなり、支援のアイデアも出やすくなったと思います。皆さんもぜひお試しください。

### 文献・作品紹介

Gus Van Sant. Good Will Hunting（邦題：グッド・ウィル・ハンティング／旅立ち）. Robin Williams, Matt Damon, Ben Affleck, 1997. Miramax, LLC.

やはりカウンセラー役のロビン・ウィリアムズ、クライエント役のマット・デイモンの掛け合いがよいですが、クライエントの友人役のベン・アフレックが見せる、大切な人への優しさに溢れた表情や仕草にも注目です。多職種連携はとかく専門職ばかりのチームと思われがちですが、ご家族や友人など専門職ではない人たちのサポートが、その人を支えるためにとても大切であることを思い出させてくれます。

中原俊（監督）12 人の優しい日本人　豊川悦司、塩見三省（1991）

三谷幸喜の脚本による作品。ある殺人事件の陪審員として集められた 12 人の男女が織りなすソリッドシチュエーション映画。多職種ではないけど、はじめて出会う多様な背景を持つ人々が、それぞれのコミュニケーションを駆使しながら、対立や和解を繰り返し、最終的には 1 つの目標に向かっていくという力動的なストーリー展開に感動すら覚えます。集団支援や多職種連携に通じる面白さが詰まっている映画です。

鶴光代・津川律子 (2018). シナリオで学ぶ心理専門職の連携・協働――領域別にみる多職種との業務の実際　誠信書房

心理職の多職種連携に関して一番実用的な書籍だと思います。領域別に事例が詳しく紹介され、多職種とどのようにかかわりをもつのか、具体的に学べます。

### 引用文献

Brown, T. (2007). *Strategy by design*. Fast Company.　https://www.fastcompany.com/52795/strategy-design（2023 年 5 月 9 日閲覧）

Drucker, P. F. (1973). *Management: Tasks, responsibilities, practices*. HarperCollins Publishers.

（上田惇生（編訳）（2001）．エッセンシャル版 マネジメント――基本と原則 ダイヤモンド社）

金沢吉展（2006）．臨床心理学の倫理を学ぶ 東京大学出版会

樫原潤・川崎隆・髙木郁彦・羽澄恵・能登眸・下山晴彦（2015）．医療領域での多職種協働における臨床心理職の課題――臨床心理職に対するアンケート調査から 東京大学大学院教育学研究科紀要, 55, 291-301.

Keeping, C. (2010). The processes required for effective interprofessional working. In J. Thomas, K.Pllanrd & D.Sellman (Eds.), *Interprofessional working in health and social care*. Palgrave Macmillan. pp. 22-34.

Kirkpatrick, H., Vogel, M.E., & Nyman, D. (2011). 5 changes psychologists must make to be successful in integrated primary care. *The Register Report*, 37, 38-41.

近藤孝司・長屋佐和子（2016）．関係の観点からみた、心理臨床家の専門職アイデンティティの発達 心理臨床学研究, 34, 51-62.

日本臨床心理士会（2019）．医療保健領域に関わる会員を対象としたウェブ調査結果報告書 一般社団法人 日本臨床心理士会 第3期後期医療保健領域委員会

下山晴彦・中嶋義文（2013）．心理職が医療領域で働くために 臨床心理学, 13(1), 6-12.

副田あけみ（2018）．多機関協働の時代――高齢者の医療･介護ニーズ、分野横断的ニーズへの支援 関東学院大学出版会

Tuckman, B. W., & Jensen, M. C. (1977). Stages of small-group development revised. *Group and Organizational Studies*, 2, 419-427.

柳原光（2018）．ジョハリの窓――対人関係における気づきの図解式モデル 津村俊充・山口真人（編）人間関係トレーニング 第2版――私を育てる教育への人間学的アプローチ ナカニシヤ出版 pp. 62-65.

### ❖コラム❖　石橋を叩きすぎて渡れない

**西尾悠佑**

私は、大学院修了後、民間の精神科病院に就職しました。幸いにも、ひとり職場でなく、心理職の先輩が１人いたため、その先輩から教わることが数多くありました。中でも、心理職が孤立せずに、他職種の方と協働するために、率先していろいろな業務に携わることの大切さを学びました。私は、とても小心者で、行動する前に「失敗したらどうしよう。」、「余計なことをしてひんしゅくを買ったらどうしよう。」と、びくびくと尻込みをしてしまい、最低限の業務しか行えず、心理テストを黙々とこなす日々が続きました。その結果、他職種の方々とも関係を構築できずにいたのです。

先輩からは、「このままだと成長の機会を逃しちゃいますよ。」とのご指摘を受けました。その先輩は、心理の業務はもちろんのこと、外来業務の事務作業、作業療法士さんとのプログラム、病院のチラシの作成等、様々な業務を行っていました。他職種の方が、よく先輩を頼って「○○さんいますか？」と心理室に訪れていました。業務独占でない心理職が、居なくては困る存在として頼りにされている姿に感銘を受けました。

最初はおどおどしながらも、いろいろな方に「私に何かできることはないですか？」、「もしよろしければお手伝いしましょうか？」等、ちょっとしたことから声をかけるようにしました。病棟で作業療法士さんがプログラムを行っていた際には、「よかったら一緒に参加させていただいてもいいですか。」と声をかけてみたこともありました。少しずつ関係を構築でき、他職種の方からクライエントのことで相談を受ける機会がありました。びびりな性格は今でも変わりませんが、黙々とルーティンワークをこなす日々にならないように心がけています。

# 第6章

# 「つながる」② 多職種連携の実際

吉岡千波

私は25年ほど総合病院に勤め、神経精神科内だけでなく、いろいろな科やいろいろな専門職の方々とコラボ（協働）してきました。そこには自分の知らない世界が途方もなく広がっており、勉強しても追いつかず、毎回どうしたものかと悩んでしまうのですが、一方でつねに興味深く新鮮でもあります。そんな専門家集団の中にいて、最初から自信が持てるわけもなく、試行錯誤の日々でようやく今に至っています。

多職種連携を念頭に心理職に何ができるか、私なりに書いてみました。こちらでは医療現場での臨床の話が中心となっていますが、ここから心理職の可能性や面白さを皆さんなりに感じていただけると嬉しいです。

## 1　総合病院で求められる心理職とは？

### （1）総合病院で求められる心理学的な理解や心理的ケア（キュアとケア）

皆さんは「総合病院」と聞くとどんなイメージを持たれるでしょうか？

多数の診療科がある、たくさんの病床を持っている、医師・看護師だけでなく様々な職種の医療スタッフがいる…そんな感じでしょうか？

じつは1997年の医療法改正により「総合病院」という分類は廃止され、「地域医療支援病院」という名称になっています。

以前と変わらず、入院や手術を必要とする病気やケガ、長期入院を必要とする慢性病の治療、救急医療などで地域医療の中核的役割を担っています。複数の病気を抱えている患者さんを受け入れることができるのもこういった病院ならではです。

かつては、医学的に病気（疾患）の治癒を最優先するというキュア（cure）が病院の大きな役割となっていましたが、高度な医療や検査の充実により、早期発見早期治療が可能となりかなりの治癒が望めるようになってきたことや、完全な治癒が望めない慢性疾患が増えてきたことで、病を持つ人を全人的にフォローするという意味でのケア（care）が求められるようになってきました。また患者さん家族へのフォローも含まれます。そういう意味でも、総合病院において心理職は様々なところでお役にたてるはずの存在だと言えます（キュアとケアについては第１章参照）。

### （２）多職種の中での心理職の役割

総合病院では様々な専門職が患者さんにかかわっており、それぞれの専門性を発揮しながら、互いに連携して最良の医療を提供しようと努めています。これを「チーム医療」と言い、「チーム医療」で求められる心理職の役割は鈴木(2008) により次のようにまとめられています。

●コメディカルスタッフとしての役割

患者さんを中心にして、医師・看護師をはじめ、薬剤師・理学療法士・作業療法士・検査技師・栄養士などがそれぞれ専門的なかかわりを行っていきます。その中で心理職は、面接や心理テストによって心理アセスメントを行ったり、患者さんの状態に応じて心理教育を行ったり、必要なメンタルサポートを提供します。

●媒介者としての役割

患者さんはインフォームド・コンセントにより治療上の様々な情報を得るようになりましたが、それは必ずしもよいことばかりとは限りません。得た情報によって不安を高めたり、抑うつ的になる、そんなことも起こりえます。そこで患者さんと医療スタッフの媒介者、つまり橋渡し役となって、治療に関する必要な情報をわかりやすく患者さんに伝えたり、逆に患者さんの訴えたいことを医療スタッフに伝え、双方のやりとりをスムーズにする役目となることがあります。

●コンサルタントとしての役割

病棟や外来で生じる患者さんの心理的問題にすべて対応することは難しく、また医師や看護師など普段接している医療スタッフが対応した方がよい場合もたくさんあります。そこで心理職が直接患者さんと接するわけではありませんが、心の専門家として患者さんのどういったことに配慮し、対応したらいいかということをアドバイスするという立場にたつこともあります。

## 2　多職種連携いろいろ――いろいろな科での心理職の出番について

患者さん＝クライエントとの出会い方は医療機関によって様々で、精神科医師の指示によりリファー（依頼）されることもあれば、神経精神科や心療内科がない場合には心理療法を受けたいクライエント向けに直通の電話やメールが設置されているところがあります。

これからいろいろな科での心理職の働き方をみていきましょう。

### （1）神経精神科

総合病院の神経精神科外来には、うつ病や躁うつ病を始め、統合失調症、不安障害群、強迫性障害、PTSD、摂食障害、発達障害などと診断された方が通院されており、非常に広範囲です。

神経精神科では主に心理療法（カウンセリング）、心理テストが業務の中心となります。用いる心理療法はその心理職のバックボーンとなる理論・技法によりますが、経験が増えていくにつれ、ひとつの理論・技術では様々なクライエントに対応することは難しいことを実感し、多種の心理療法を勉強していかねばならなくなる印象です。

心理テストについては、学生時代からしっかりと身につけておきたい技術のひとつです。心理テストによってクライエントの見立てができること、そして有用なフィードバックができることは、心理療法がうまくできるようになるのと同じく重要なことです。と言いますのも、その見立てとフィードバックがクライエントの手助けになるのはもちろんのこと、医師など他職種の方々にこのクライエントを理解してもらうのに、心理テストという目に見えるツールは非常に説得力があり伝わりやすいからです。そして心理職の「役に立ち方」も見えやすくなり、信頼を得ることができます。

また総合病院は、神経精神科の病床があるところとないところに分かれます。病床のあるところでは医師・看護師をはじめ、様々な職種の方がクライエントにかかわっており、その人間関係にも留意する必要があるでしょう。入院の状況において、クライエントの意識・無意識的な操作性により、医療スタッフ間で対立場面を起こしかねないこともありますので、俯瞰的な視野を持つことも重要です。

### （2）脳神経内科

脳神経内科からはアルツハイマー病、レビー小体型認知症など脳神経内科疾患の影響による能力低下の有無を心理テストによって査定する依頼がやってきます。その場合、クライエントの状態に応じてテストバッテリーを考え提案することもあります。たとえば、パーキンソン病の治療のための手術（脳深部刺激療法：DBSなど）を行う際に、その効果が十分に発揮できるかどうか、手術後に精神状態が変化するか確認するために、WAIS-ⅣやWMS-R（ウェクスラー記憶検査）、BADS（遂行機能障害症候群の行動評価）、うつ・不安尺度の質問紙を用います。ときには、脳神経内科主催のカンファレンスに出席し、そこで意見を求められることもあります。

また、神経難病（ギランバレー症候群、多発性硬化症等）のクライエントの心理療法を行うこともあります。神経難病は治療法が確立していなかったり、後遺症を残す恐れが少なくないことから、精神的に不安定になられる方もおられ、身体的なリハビリとともに精神の安定をはかるために、入院時もしくは外来でお話をします。病気自体が画期的によくなるということがなかったとしても、病気を持ちながらどう過ごしていくか、気持ちの整理をどうつけていくかといった心理的作業に寄り添っていきます。

### （3）脳神経外科

脳神経外科からは脳梗塞や脳出血・くも膜下出血などの脳血管障害、脳炎などによる器質性損傷、事故による頭部外傷後の心理テストの依頼が主にあります。これらの発症や受傷によって、言葉が話せない・理解できない、見えているのに認識できない、集中力・記憶力が低下する、感情や行動のコントロールができないなどといった高次脳機能障害が生じ、外見的には問題ないものの、日常生活や社会生活に著しく支障をきたします。

心理テストにより高次脳機能障害の程度について査定しますが、ひとつの検査で判断できるとは限りません。たとえば、ある脳出血のクライエントが退院後仕事に復帰されましたが、仕事のミスが多発、本人も「一度に色々なことを言われると混乱する」と述べられます。WAIS-Ⅳ ではIQは平均内で下位項目にも差がみられませんでしたが、BADSと内田クレペリン検査を実施したところ、「ひとつのことを始めると切り替えができない」「作業量の振り幅が大きく、後半の作業量が大幅に低下」といった結果から、高次脳機能障害が認められることとなりました。このようにテストバッテリーを組めば、クライエントの状態を的確に表すことができます。医師が診断書を書く際に、こうした心理テスト結果が必要なこともあり、重要な役割を担います。

### （4）小児科

小児科からはプレイセラピーや発達検査の依頼がやってきます。クライエントは情緒不安定や不登校で親に連れられて小児科を訪れることもありますが、元々は体調不良で小児科受診、身体的な検査の結果どこも問題はなく、精神的な要因によるものとして、プレイセラピーを薦められることも少なくありません。人形を使った遊びやボードゲーム、箱庭や砂場での遊びなどプレイを通じて、自己表現を促したり、エンパワメントを図っていきます。同時に並行面接として、子どもがプレイセラピーを受けている間に、保護者に話を聞いたり、心理療法を行うことが多く、子どもの変化に親の協力は必須となってきます。しばしば親のかかわりや気持ちの変化が子どもに影響していきます。

知的能力診断のための検査も依頼は多く、新版K式発達検査、WISC-Ⅴなど乳幼児から中学生まで行います。親の不安が高いだけで能力に心配ないケースもありますが、最近はやはり大なり小なり能力の差があったり、境界線レベルのケースが見受けられます。明らかな精神発達遅滞があったり、発達に偏りのみられる場合は、医師により診断書が作成され、小学校や中学校に連絡され就学において配慮を求めることができます。

昨今は、子どもの気になっている部分の原因がわかって、発達障害（かグレーゾーン）と診断された方がむしろ安心する、とおっしゃる保護者の方も多いですが、その伝え方も一方的・断定的ではなく、「得意なところと課題と」というように受け入れられやすい工夫が必要となってきます。

### （5）内　科

内科には様々な身体疾患をお持ちのクライエントがおられます。心理療法の対象となることが多いものとしては、膠原病（SLE）、線維筋痛症・慢性疲労症候群、腎臓疾患、心疾患、悪性リンパ腫（血液）などがあげられ、寛解しにくい疾患であることから精神的に不安定になりやすいと考えられます。

また糖尿病では心理職が心理教育やグループセラピーを行い、糖尿病再発を防ぐのに役立っているとの報告が多くみられます。

### （6）乳腺外科

乳腺外科からは乳がんの方の告知後の心理療法を求められることが多いです。乳がんの治療法としては手術、放射線療法、薬物療法があり、早期発見であればその多くは治る可能性の高い病気です。しかし（男性も罹患することはありますが）女性を象徴する身体の部位であることから、病気そのものや治療法によってはショックを受ける方も少なくなく、ときにはショックのあまり治療さえ拒否してしまう方もおられます。そういった方々の不安や葛藤をお伺いすることになります。

### （7）産婦人科

産婦人科からは、妊婦さんで元々精神疾患を持っておられる場合や周産期・産後うつの方への心理療法の依頼が届きます。妊娠中・授乳中であるために特定の種類の投薬治療ができないことから、心理療法がより重要となってきます。

NICUがある病院では、通常の出産後と違って、危機的状況にいるわが子へ不安や罪悪感など様々な感情をもち苦しむ方がいらっしゃいます。産後すぐこういった気持ちを吐露できる、相談できる機会を提供できることは大事なことだと思います。

### （8）緩和ケア

ホスピス病院だけではなく、総合病院にも緩和ケアチームが院内にあることが多く、緩和ケア認定看護師を中心に、内科医師、精神科医師、薬剤師、管理栄養士、理学療法士、心理職がチームに所属しています。

主に入院中のクライエントとそのご家族に対し、身体的・精神的苦痛をできるだけ早く取り除けるよう、ラウンド（病棟回診）やカンファレンスを行ってチームで話し合い支援します。

心理職として直接クライエントやご家族と話すほか、クライエントにかかわっている看護師のコンサルテーションを行うことも多いです。

### （9）遺伝性疾患

遺伝性疾患サポートチームが作られているところもあります。遺伝カウンセラーを中心に、内科・小児科・乳腺外科の医師、看護師、心理職などが所属しています。

疾病の対象は、小児科系、神経内科系、内科系と様々ですが、その疾患が判明した場合、親兄弟や配偶者、子どもの将来に関係してくるので、本人以外の方への告知や遺伝子検査の有無も検討することがあるなど、より一層の丁寧なフォローが重要となります。当然のことながら、遺伝性疾患の知識は必要になります。

上に挙げた心理職の出番はほんの一握りで、まだまだ挙げられていない科との連携もあると思います。ニーズはありますから、ぜひ皆さんで開拓していっていただきたいと思います。

## 3　心理職がそのほかにもできること

### （1）職場のメンタルケア

2015年12月１日より、労働安全衛生法の一部改正を受け、ストレスチェック制度が施行され、ストレスチェックにより高ストレス者と判断された労働者に医師（基本的に産業医）が面談指導を行うよう定められています。

病院という職場は一般企業と変わりなく、いえ、むしろ人の命を預かる現場であるという意味では、ストレスの度合いが一層高いと言えるかもしれません。そこで随時、必要な職員の相談を受け付けることがあります。ただし、この場合対象者は同じ職場で働く同僚という関係性でもありますので、面接は慎重に行い、ときには信用できる他機関へリファーする必要があることも多いです。

また個人的に面接を引き受けずとも、職員を対象に「メンタルヘルス講習」を行い、精神的な健康を維持できるよう啓発していくことは可能です。

### （2）「患者心理」に関する講習

医師・看護師やその他の職種の方々に、病院に通院・入院する患者さんの心理について、心の専門家として教育を行うことができます（第10章参照）。身体的なケアを中心とした職種の方々とは違った目線でお話をすることで「目からウロコが落ちた！」と感想をいただけることもあります。

## 4　医療領域で連携を行う際に心理職として必要な視点

これまでにもお伝えしましたように、病院では様々な専門知識を持った職種の方が責任を持ってそこで働いています。クライエントのことを一番に考えるのはもちろんですが、自身の立ち位置をその都度見極めながら対応することも重要です。鈴木（2008）を参考に、心理職に必要な視点をお伝えします。

### （1）職責と限界を知る

専門性に応じた仕事の範囲と責任を認識しましょう。うつや不安のある身体疾患のある方との面接の中で、カウンセリングだけでいいのか、投薬なども必要か見極めることも重要です。明らかなうつ症状やせん妄が見受けられた場合は、身体科医師や精神科医師に相談すべきです。それが職責と限界を知るということです。また、投薬のあるクライエントについて、心理社会的支援ができそうなら提案し、リハビリ担当者や精神保健福祉士など他職種の協力を仰ぐこともよいでしょう。

### （2）医療の基礎知識を知る

病院で働くには、医療の様々な基礎知識やルールを知っておかなければなりません。具体的には、一般的な病気の知識や予後、用いられる薬剤、治療法といったものから、医療保険制度に関する知識、医療情報の管理規則、医療・社会保障制度にかかわる法規もある程度知っておくことは無駄にはなりません。

とくに、医療領域の心理職として必要な知識である精神医学はDSM-5（Diagnostic and Statistical Manual of Mental Disorders: 精神疾患の診断・統計マニュアル）やICD-11（国際疾病分類の第11回改訂版）を参照し、頭に入れておくとよいでしょう。

また神経精神科で処方される薬（抗精神病薬、抗うつ剤、気分安定薬、抗不安薬、睡眠導入剤、抗てんかん薬など）についても覚えておきましょう。クライエントはしばしばこちらが薬のことを知っている前提でお話をされてきます。そのときにいちいち調べていたり、確認していたのでは話が進みません。

医療に関する法律の中でも精神保健福祉法は覚えておきましょう。通院に関する公的負担や入院形態（措置入院、医療保護入院、任意入院など）の知識はとくに重要です。

### （3）クライエントのニーズと医療スタッフのニーズを知る

しばしばクライエントのニーズと医療スタッフのニーズは異なります。クライエントは不安やしんどさから何度もナースコールを押すけれども、看護師はそのたびに呼ばれて辟易してしまいます。また、早くよくなりたいとクライエントはリハビリを急かしますが、リハビリ担当者からすると身体・体力的にまだそこまで回復していないために積極的に動かず、クライエントの中で不満がたまります。こういったズレや悪循環を理解し、両者のニーズに合う方法を第三者の目から見て検討することも重要な役割です。

また他職種と話をする際には、妙にそれらしい心理専門用語などを使わず、わかりやすい言葉で説明することも大事です。

### （4）心理職を知ってもらう

心理職が院内にいることを知ってもらうことはとても大切です。総合病院ですととくにスタッフの数が多いために、マイノリティである心理職がいることが知られていないことも少なくありません。そこで積極的にカンファレンスに参加したり、委員会に所属するなどして、“顔”を売っていくようにしましょう。

またその中で、心理職に何ができるかということは知ってもらわなければなりません。そのためには日々技術研鑽です。様々な研修会や講習会への参加、心理テストの技術の習熟など怠らず精進しましょう。

心理職を知ってもらうことについて、もう少しフランクにお伝えします。とにかく職場で話せる人を増やすことが大事です。今は新人ですから、わからないことがあればとりあえず「教えてもらうスタンス」で話しかけてみましょう。これは若手の特権とも言えます。また、普段の情報収集も大事です。新聞やネットニュースから医療関係ネタを仕入れておいて話しかけてみる、またかかわっているクライエントのことについて（周囲に気をつけながら）立ち話をするというのも悪くありません。

最初のうちは勇気がいりますが、「あいさつ以上友だち未満になる」ためにちょっとだけプライベートな話をいれながら、会話を切り出していくとよいでしょう。そういう関係になりますと、仕事をやっていく上で非常にやりやすくなります。

### （5）専門的ケアから日常的ケアへ

クライエントの心の問題は日常的かつ持続的に生じているものも多くあります。お話を聞く中でクライエントの抱えている不安や苦痛を受け止めるとともに、解決策に取り組めるよう支援していくという心理職としての「専門的ケア」の時期があります。しかしいつまでも心理職だけが心の問題にかかわりクライエントを取り込むのではなく、徐々に看護師など周囲のスタッフへその役割をうつし、同様のケアができるよう支援する「日常的ケア」ができるようになるとよいでしょう。そういったコンサルタントになれる視点も重要です。

### ◇Q＆A◇

**Q　チーム内で心理職が求められていないような気がするのですが…**

多職種合同カンファレンスに出ても何も尋ねられず、有用な意見も思いつかず、毎回出席するだけで終わってしまいます。普段でもあまり話しかけられることがなく、心理職が求められていない気持ちになります。

**A　まずはカンファレンスに出席することに意味があります！**

カンファレンスで話を振られなかったり、積極的に意見を言うことも緊張してできなかったりすることはよくあると思います。それでも最初はとにかく出席して、顔と名前を覚えてもらうとともに、そこで心理職として何ができるのかつねに考えをめぐらせておきましょう。そのうちに少しずつ意見が言えるようになり、他職種にない専門的な観点があることを理解してもらえたら、おのずと尋ねられることや頼られることも多くなってくると思います。

### 文献紹介

山中康裕・馬場禮子（責任編集）(1998). 心理臨床の実際　第4巻　病院の心理臨床　金子書房

やや古めの本ではありますが、心理職が病院の様々な科でどのようなかかわりを行えるか、実際の症例を元に詳しく書いてあります。普段の臨床においてこの本にとてもお世話になりました。

American Psychiatric Association（編）日本精神神経学会（日本語版用語監修）髙橋三郎・大野裕（監訳）(2014). DSM-5　精神疾患の分類と診断の手引き　医学書院

言わずと知れた「DSM-5」、正式名称は「Diagnostic and Statistical Manual of Mental Disorders, Fifth Edition」と言い、精神疾患の基本的な定義を記したものです。心理職は“診断”を行うことはありませんが、精神疾患の種類や定義を覚えておくことは大事なことで、医療現場で仕事をするなら必須アイテムです。

**引用文献**

鈴木伸一（2008）．第２章　チーム医療を基礎としたメンタルケアの展開　鈴木伸一（編著）医療心理学の新展開――チーム医療に活かす心理学の新展開　北大路書房　pp. 7-18.

# 第７章

# 「あらわす」①　量的研究

藤田　雄

私は20年ほど総合病院で心理職として認知症介護と向き合ってきました。数年前に博士課程へ進学して、認知症介護を解決したくて現在臨床をしつつ研究をしています。「研究？興味ないし」と読み飛ばそうとしているあなた。どうか、あと１ページだけお付き合いください。もしもあなたが、なんとなく現状に満足していないのなら。もしもあなたが、いまの職場で他の職種から「理解してもらえない」と鬱屈しているのなら。研究はそのようなあなたの現状を変えるかもしれません。それでは研究をすることは、あなたにどのような変化をもたらすのでしょうか。

皆さまもご存知のように、研究はデータを数値化する量的なものと、数字以外のデータを用いる質的なものに大別されると思います。本章では量的な研究についていくつか私見を述べます。質的研究は心理職にとってなじみのある事例研究について第８章で述べられます。

## 1　研究はあなたを変える

研究をすれば、あなたの置かれた現状を改善できると思います。なぜなら研究によって、あなたは自分の仕事を「見える化」できるからです。「見える化」すれば、あなたは自分の仕事について知りたかったことを知ることができます。

それに加えて他の人に伝えることができます。たとえば、あなたが集団介入を一生懸命に実施していて、その効果や意義を実感しているのに、他の職種は介入そのものに関心を示さない、ということもあるでしょう。そのようなとき、介入の効果をデータにして「見える化」するとどうでしょうか。私の経験では大半の医師はデータ化すると関心を示します。また、そのデータを学会発表したら、心理職や他の職種が興味を持つかもしれません。同じような興味・関心や問題意識を共有できれば、あなたは自信やワクワク感、「もっと目前の患者さんの役に立ちたい！」という意欲を高めることができると思いませんか。

「研究はあなたを変える」と述べたのは「見える化」に伴う変化だけではありません。研究によって、言われた通りの業務をこなすだけでは得られない経験ができます。その経験が確実にあなたに変化をもたらすはずです。変化はたくさんあると思いますが、私が実感した主な変化を３つ挙げます。

第一に、あなたの関心のある研究テーマへの理解の深まりです。論文を検索して関心のある研究テーマに関連した論文を読めば、当該テーマへの理解はぐっと深まります。本や論文を漫然と読むだけでは得られない、まとまりのある理解が蓄積されるでしょう。

第二に、タイム・マネージメントができるようになることです。研究は時間と労力を要します。普段の業務をしながらタイム・マネージメントをして生活しなければなりません。どのように研究に時間を割き、どのようにしたら継続できるか。それらをあなたは試行錯誤する必要があります。これは大変なことかもしれません。けれども自分が決めたようにタイム・マネージメントできるようになれば、研究を終えてからも時間を有効利用できるようになるでしょう。また、継続できないことを「意志が弱い」とか「飽きっぽい性格」とかに帰属せず、タイム・マネージメントがうまくできるようになれば、そのうまくできた実感が自信につながります。タイム・マネージメントのコツは後述します。

第三に、協力を得るスキルが養われることです。研究を始めるには院長や所属長からの研究開始の承諾や関係する主治医からの承諾、心理職への調査協力の依頼、研究対象のクライエントやご家族からの承諾・協力を得る必要があります。どのように説明をすると心理職や他の職種は関心を示すでしょうか。また、どのような説明をすると、患者さんやご家族からの協力が得られるでしょうか。このようなことを考えるのも、研究ならではだと思います。協力を得るには自分の真剣さや誠実さを伝えることも重要ですが、説明を受ける相手の立場になる視点も重要だと思います。これは交渉的な視点ともいえます。交渉については紙幅の都合があるので、他書をご参考ください（たとえば、瀧本哲史の『武器としての交渉思考』（2012、星海社））。

以上、研究をすればあなたは変わります。研究は一時の勢いやノリでできるものではなく、それ相応の労力と時間を要します。最初からすべてはうまくいかないはずです。それでも投げ出さずにやり直し続けてほしいです。そうすれば必ずできるようになります。やり直し続けた試行錯誤があなたを確実に変えます。あなたも研究を始めてみませんか？

## ２　どのように臨床上の疑問を研究計画に落とし込むか？

どのように臨床上の疑問を研究としてまとめるのか。私はほとんど知識がないままなんとなく研究をしていましたが、研究者の親友や仲間に指導をしてもらいながら、「あーそっか…研究ってこうやってまとめるのか…」と自分なりに学んできた手順を次の４つに分けて述べます。（１）自分の疑問をつかむ、（２）キーワード検索をする、（３）自分の疑問を明確化する、（４）研究計画を立てる、の４つです（図７－１）。以下、それぞれを詳述します。

### （１）自分の疑問をつかむ

研究はあなたの疑問から始まります。あなたは臨床の様々な場面でいろいろな疑問を持つだろうと思います。疑問が浮かんでは忘れて、そのうち別の疑問が現れては消えて。なかには「やっぱり気になる」という疑問も出てくるでしょう。その疑問は漠然としたものだと思います。その漠然とした「やっぱり気になる」「知りたい」と思った疑問を１、２文の疑問文にしたらどうなるでしょうか。まずは文章化して、あなたの疑問をつかんでほしいです。これがあなたの研究で明らかにする疑問の原型になります。

この疑問について具体的に説明します。私は高齢者臨床を専門としているので、認知症を例にすると「認知症のご本人はどのような支援を望んでいるのだろうか。どのような支援をすれば役に立てるだろうか」といった漠然としたものを指します。このような疑問を私は持ちましたが、認知症臨床に馴染みのない方に背景を簡単に説明します。認知症の支援では介護する家族を対象にした

**(1) 自分の疑問をつかむ**

・臨床上の疑問を簡潔な文章にあらわす

↓

**(2) キーワード検索をする**

・自分の疑問と関連する文献をキーワード検索をして収集する

☆疑問を明確化するために文献を読む
①レビュー論文を読む
②新しい年代の論文の「序論」を読む

↓

**(3) 自分の疑問を明確化する**

①特定のトピックに自分の疑問を位置づける

☆どのようなトピックがあるかを知るために文献を読む
・とくに学会誌の特集などを読む

②先行研究を読んで「すでに明らかにされていること」と「まだ明らかにされていないこと」を把握して、自分の疑問を明確化する

↓

**(4) 研究計画を立てる**

・対象の数や方法、データの解析方法などの妥当性について迷った際は先行研究に準拠する

図7-1　臨床上の疑問を研究計画に落とし込む手順

ものが多く、認知症の本人にはどのような支援を望んでいるのかを尋ねない傾向があります。また、認知症では早期発見が推奨されている一方で、認知症診断後の支援は医療機関では確立されていないのが実情です。ですから、認知機能検査という「評価」をしても、支援をしないことに私は問題意識があって上記のような漠然とした疑問をもちました。

### （2）キーワード検索をする

次に、関連する論文や書籍といった文献を読んで、つかんだ自分の疑問を明確にします。文献データベースなどで検索して関連する文献を収集する作業が「キーワード検索」です。

表７-１　文献のキーワード検索などに役立つサイト

| 用途 | データベース名／サイト名 |
|---|---|
| 日本語・英語の文献検索 | Google Scholar |
| 主に日本語の文献検索 | CiNii（サイニイ）／J-STAGE |
| 主に日本語の医学系の文献検索 | 医中誌 Web |
| 英語の文献検索 | PubMed（パブメド） |
| 英語文献の翻訳 | Google 翻訳／ DeepL 翻訳 |
| 英語文献の翻訳補助と翻訳 | Shaper |
| 日本語・英語の関連文献の検索 | Connected Papers |

ここで注意すべきことはキーワード検索に時間をかけることです。少なくとも１、２か月、あるいはもっと月日がかかるものと考えてほしいです。私は研究発表を毎年のようにしていましたが、その間、このキーワード検索の重要性を理解していませんでした。なんとなく思いついたキーワード検索をして「先行研究はない」と早合点しがちでした。後述するように、先行研究を見つけると自分の疑問が明確になり、かつ研究計画に要する労力と時間を大幅に節約できます。後々のことを考えると、キーワード検索を入念にすることをおすすめします。

まず、どのように効率よくキーワード検索をして自分の疑問と関連する論文を収集するかを説明します。

キーワード検索に使用する文献データベースはGoogle Scholar、CiNii、J-STAGE、医中誌Webなどがあります（表７－１）。それぞれ実際に使用して使い勝手のよいものを使用すればよいと思います。私自身はGoogle Scholarを使用しています。また、最近は国立国会図書館も使い勝手がよくなったと耳にします。関東にお住まいがある方はご利用してはいかがでしょうか。

キーワード検索をして、あなたの疑問に関連しそうな論文を読み進めると、新たなキーワードを思いつくかもしれません。このキーワードも含めてキーワード検索を行ってください。

自分の疑問とフィットする論文を見つけたら、その論文の引用文献を参考にして当該論文よりも過去の（その論文より年数の古い）論文を見つける、とよく耳にすると思います。一方で、Google Scholarで検索すると当該論文を引用した未来の（その論文より年代の新しい）論文を知ることができます。Google Scholarで検索した論文名の下方に表示された「被引用数」をクリックすると、当該論文を引用した論文が一括表示されます。

その他、効率よく関連しそうな文献を検索するにはConnected Papersが役立ちます。これは、論文タイトルを入力すると、関連する論文を検索できるサイトです。日本語論文だけでなく英語論文も検索可能です。

英語論文もぜひ検索してほしいです。「英語？英語はちょっと…」と苦手意識の強い人もいるでしょう。けれども近年、Google翻訳やDeepLなどの翻訳サイトは翻訳精度が高く、非常に役立ちます。Shaperというサイトも便利です。Shaperは英語論文のPDFを翻訳サイトにコピー・ペーストする際に発生する不要な改行やスペースを自動で取り除いてから翻訳するサイトです。とくに重要な論文は翻訳された日本語をWordにコピー・ペーストしておけば読み返すこともできます。

上記のようなサイトを活用して英語論文にも慣れてほしいです。英語はそのうち慣れます。日本語論文だけを対象にすると、情報が非常に限定され、せっかくのあなたの臨床上の疑問が曖昧なままで研究に結び付かなくなるかもしれません。

次に収集した論文の読み方です。ここでは自分の疑問を明確化するための読み方に焦点を絞ります。

自分の疑問を明確化するために、自分の疑問に関する研究を概観して、①これまで何が明らかにされているのか、②まだ何が明らかにされていないかを把握します。

これらを効率よく把握する２つのやり方があります。１つは、レビュー論文などの文献研究を読むことです。レビュー論文では特定の目的を検討するためにこれまでの研究を概観しているので、これまで何が明らかにされ、何が明らかにされていないのかを把握できます。もしも、レビュー論文がどのような論文かよくわからない場合は「文献研究」“Review”などのキーワードを含めて検索してみてください。

もう１つは、年代の新しい論文の序論を読むことです。序論は主に以下の３

つからなります。①先行研究ですでに明らかにされていること、②まだ明らかにされていないこと、③まだ明らかにされていないことのうち今回明らかにしたいこと、すなわち当該研究の目的の3つです（松原、2011）。このうち、「①先行研究ですでに明らかにされていること」を読めば、これまでの研究の概観をある程度理解できます。

レビュー論文が見つかれば、レビュー論文から読み、レビュー論文が見つからなかった場合は年代の新しい論文の序論を読むことをお勧めします。これらを読み、既述したように新規のキーワードを含めてキーワード検索したり、引用文献やGoogle Scholarの「被引用数」、Connected Papersを活用したりしてさらに文献を探して、あなたの疑問に関する研究の概要を理解してください。

ここでも具体的に説明をします。自分の疑問は上述したように「認知症のご本人はどのような支援を望んでいるのだろうか。どのような支援をすれば役に立てるだろうか」です。まず、日本語の「認知症」と「支援」あるいは「非薬物療法」、「心理社会的」などのキーワードで検索しましたが、この研究をしていた当時は自分の疑問に合致した論文は見つけられませんでした。そこで認知症の本人対象の非薬物療法・心理社会的アプローチに関する英語のレビュー論文を検索して年代の新しいものから、順番にShaperを活用して読んでいきました。そこで、“needs”という言葉を見つけました。「ニーズ」はまさに自分の疑問とぴったりくる言葉だと思って、「ニーズ」という言葉で日本語の論文を検索しましたが、検索した当時は論文が見つかりませんでした。そこで認知症ではなく、「高齢者」と「ニーズ」や「困難」、「願い」、「願望」などニーズから連想するキーワードで検索しました。そうすると自分の疑問に近い論文を見つけることができました。英語論文では“dementia”と“needs”で検索すれば、自分の疑問と合う論文を少なからず見つけることができました。

以上のように、自分の疑問と近い論文を日本語だけでなく英語論文も含めて検索し、検索する前には思いつけなかった言葉をキーワードに含めて、研究対象の範囲を広げて（認知症だけでなく高齢者も含めるなど）検索すれば、自分の疑問にぴったりくる論文を取得できると思います。「先行研究になりそうな論文はやっぱないわ」と早合点せずに、根気強く検索をしてみてほしいです。先行研究を見つければ、後述するように時間と労力を大幅に短縮できますから。

### (3) 自分の疑問を明確化する

自分の疑問を特定のトピックの研究の流れの中に位置づけることによって、漠然とした自分の疑問を明確化しやすくなります。

具体的に説明します。自分の疑問は「認知症のご本人はどのような支援を望んでいるのだろうか。どのような支援をすれば役に立てるだろうか」でした。「ニーズ」などの言葉でキーワード検索をして、自分の疑問に合った論文を読むうちに、自分の疑問が「軽度認知症の高齢者はどのようなニーズがあるのか」となったとします。この自分の疑問を特定のトピックに位置づけるためにまず、どのようなトピックがあるかを知る必要があります。注目されているトピックは学会誌で特集されている「総説」や「解説」といった論文を読むと知ることができます。近年注目されている軽度認知症の高齢者に関するトピックとして、認知症の人の内的体験に焦点を当てた当事者研究があります。また近年は、認知症の高齢者同士が支え合うピアサポートが実施されています。さらに、認知症の本人の意思を尊重する意思決定支援もあります。

いくつかのトピックを把握したら次に、自分の疑問ともっともフィットしたトピックを検討します。当該トピックの一連の研究を読んで、どのトピックがもっとも自分の知りたい疑問とフィットするかを考えます。自分の疑問を当事者研究の中に位置づける場合は、認知症の本人に面接調査を丹念にして、当事者にしか知り得ない内的体験を明らかにすることになるでしょうか。したがって、先行研究は主に若年発症の認知症や他の疾患の当事者研究になると思います。ピアサポートに位置づける場合は、糖尿病やがんなど他の疾患のピアサポートが主になると思われます。意思決定支援の中に位置づける場合は、認知症診断後の意思決定支援が関連しそうです（認知症診断後の意思決定支援とは、認知症と診断されると、認知症の専門職は本人よりも家族の意思を尊重する傾向があるため、人権擁護のために本人の意思を把握し、それを実現しようとする支援を指します）。これらの先行研究を整理したり、必要に応じてキーワード検索をしたりして、自分の疑問をどのトピックに位置づけるかを決定します。

特定のトピックへの位置づけが決まれば、最後に自分の疑問を明確化します。位置づけた特定のトピックの先行研究を読み返して、明らかにされていること、まだ明らかにされていないことを把握して自分の疑問を明確化します。自分の疑問である「軽度認知症の高齢者はどのようなニーズがあるのか」を、たとえば認知症診断後の意思決定支援の研究の流れに位置付けたとします。認知症診断後の意思決定支援に関する先行研究を確認すると、軽度認知障害（Mild Cognitive Impairment: MCI）の人は対象外であり、MCIのニーズが明らかにされていないことがわかりました。そこで、MCIのニーズを把握して初期認知症の人のニーズとMCIの人のニーズを比較検討したいと思ったとします。そこで、これらを疑問の中に含めます。さらに、先行研究を読むと「ニーズ」と一口に言っても様々なニーズがあることを知りました。自分は認知症の本人が生活上どのようなニーズがあり、どのような生活を送りたいという意思があるのかを知りたいので、ニーズを「生活上のニーズ」と限定しました。以上を踏まえて、「認知症診断後のMCIと軽度認知症の高齢者はどのような生活上のニーズがあるのか？」「MCIと初期認知症の高齢者の生活上のニーズにはどのような共通点と相違点があるか？」と明確化しました。

### （4）研究計画を立てる

疑問を明確化したら、具体的な研究対象の選定基準や除外基準とそのサンプルサイズ、方法、データの解析方法などを検討して研究計画を作成します。おそらく、研究に不慣れな人だと、ここでつまずくだろうと思われます。私も研究に苦手意識があったときは、あたかも「正解」があるかのように思い込んで、自分の判断は「(「正解」や「真の研究方法」と）合っているのだろうか？」と不安で仕方ありませんでした。結論を述べると「正解」も「真の研究方法」もありません。

対象や方法、データ解析の方法の妥当性に自信を持てないときは、先行研究に準拠します。先行研究に準拠すれば、ある程度の妥当性が担保されます。したがって、学会発表のときや投稿した論文の査読時に「なぜ？」と尋ねられたら、「先行研究に準拠しました」という回答で一定の納得が得られるはずです。

もちろん、準拠した先行研究よりも妥当なデータ解析方法や対象の選定方法などはあるでしょう。けれども、より妥当な方法は研究をしながら学んでいけばよいと思っています。とくにデータ解析方法は複雑です。「統計を学ぼう！」と本を読んでも、それだけではあまり理解できないのではないのでしょうか。

私は何度も挫折しました。研究をしながら、研究方法の理解を深めていき、より妥当な方法を学ぶのが遠道のようで、じつは近道でかつ確実だと思います。

## 3　研究計画に落とし込む手順を進めるコツ

臨床上の疑問をどのように研究計画に落とし込むのか、その手順を概説しました。この手順を進めるうえでの私の思うコツを３つ簡潔に述べます。

### （1）タイム・マネージメント

タイム・マネージメントのコツは、１日のうち、あるいは１週間のうち、自分の時間を割きやすい時間帯を見つけて、その時間帯を研究のために使うルーティンをつくることです。たとえば、朝の５時から６時30分までとか、月曜日と水曜日の17時から18時は研究に充てるなどと決めます。つまり、「時間ができたら、研究の作業をしよう」といった隙間時間にしようとしないことです。隙間時間にしようとすると隙間時間が取れたり取れなかったりして習慣化しにくいからです。

すんなりと習慣化されないかもしれませんが、そのうち意識しなくても体が動いてルーティン化されるようになると思います。「そんなの私には無理」というのは思い込みです。「私は意志が弱いから」というのも思い込みです。「英語読むのは私には無理」というのもそうです。「どうしたら、私はルーティン化できるだろう？」と面白がって、自分に行動実験を繰り返してみてほしいです。これはいわば、自分を対象に自分に合った心理学的技法を使うようなものだと思います。自分をより理解できるようにもなるでしょう。どうぞ面白がって試行錯誤してほしいと思います。

### （2）学会発表や研修会で研究仲間をつくる

研究を実際に始めると細かなことが気になると思います。とくにはじめての学会発表や論文作成の際は「考察では何をどのように書くのだろうか？こんなんでよいのかな？」とか「ここは半角？それとも全角？」など。研究に慣れないうちは、些細なことを気軽に尋ねられる友人や仲間の存在が研究を推進するうえで非常に大きいと思います。

ではどのように知り合うかというと、名刺を作って学会や研修会で「この人は素敵だな」と思った人と名刺交換をして自己紹介をする。それから、当日か翌日にお礼のメールをする。これだけです。私はお礼のメールに少しくだけた文章を忍ばせたり、仲間がほしいといった率直な気持ちを伝えたりします。それに応じてくれた相手とは、その後も関係が続くように思います。私の少しくだけたメールにかちかちの硬い文面の返信だったら、その後の関係を続けるのは難しいと判断して、その時点では深追いしません。

もちろん私も慣れないうちは「メールをして返信がなかったら…」とか「偉い先生だからうっとうしがられるかもしれない」と恐れていました。ですが、それよりも新たな出会いや経験を逸してしまうリスクを恐れてメールをしてきました。このようなメールも恐いのは最初だけ。そのうち慣れます。

### （3）行動を変えるための脱完璧主義と自分に合ったやり方探しのすすめ

タイム・マネージメントにせよ、研究仲間づくりにせよ、自分に合ったやり方やペースがあると思っています。要は自分が実際に試して、そのフィードバックを得て、次にどうするかを考えて、また実際に試して、そのフィードバックを得て…の過程の繰り返しです。つまり、実行前から完璧を求めないことです。この過程を続けていたら、自分にぴったりのやり方が見つかるはずです。どうぞ、自分にぴったりのやり方を自分のペースで見つけてください。そのために、行動を起こしてほしいです。人間はすぐ慣れます。人間の適応力はすごいな、と思えるはずです。自分が自分の可能性を狭めるのは、あまりにもったいないことに思えますから。

## 4　臨床家だからこそ、研究倫理を大切に

研究倫理は重要です。私も十分に理解していないまま研究していたと反省しています。ここでは２つのみ簡潔に述べます。最後にちょっとくどいですが、メッセージを送りたいです。

### （1）これだけはおさえてほしい研究倫理

１つは、クライエントやご家族に不利益をもたらさないかの吟味です。研究は疑問という知的好奇心から生まれます。だからこそ、この疑問がどのような影響を与えるか、結果として、患者さんやご家族に不利益な結果をもたらす可能性がないかの仔細な検討は必要だと考えます。

もう１つはデータの捏造や改ざんなど研究不正に関するものです（日本学術振興会「科学の健全な発展のために」編集委員会、2015）。研究結果、すなわち研究がもたらす知見は知的な共有財産になります。先人が明らかにした研究の知見を自分が受け継いだように、自分の研究を後続の研究者が受け継ぎます。もしも自分がデータの捏造や改ざんをすると、後続の研究者は誤った知見を受け継ぐことになります。それはまるで伝言ゲームで誤りを伝達するようなものです。その結果、後続の研究者と研究の対象者に多大な被害をもたらします。研究の知見はみんなに共有される財産だという認識と、共有されるがゆえに背負うべき責任があることを初学者も知っておく必要があると思います。

### （2）まだ研究を始めていないあなたへ

私は研究の動機は不問にする立場を取ります。研究を始めた動機がたとえば「今の職場に不全感を抱えているから」「研究発表をしたかったから」でも支持したいです。「自分の都合で研究をするなんてけしからん。研究はクライエントのためにするものである」と非難したくはありません。研究がクライエントや家族に寄与するのであれば、動機が自分のためでもよいのではないでしょうか。また「心理職全体のため」とか「社会のため」の研究は先輩心理職に任せて、初学者は自分のために思いっきりすればよいと私は考えています。

研究を始めようとしている人を応援したいです。冒頭で、それ相応の労力と時間と通常の業務では得られない経験が必要になるので、研究はあなた自身を変えると述べました。そうはいっても本章を読まれた方の大半は「なんか大変そう」と気が進まないでしょう。それでもなぜ応援するかというと、研究を通じて自分の可能性が開かれると思っているからです。たとえば、あの自分が学会で発表をするようになった。自分の研究を話題にして自分にしか話せない講演ができるようになった。論文を書いて、自分の知らない人が自分を知ってくれるようになった。自分のことで一杯いっぱいだったのに、いまは多様な職種の人と協力して問題解決につながる研究をするようになった…。これらはまだ、あなたに見えていない景色かもしれません。でも研究はあなたを変えます。「できなかったことができるようになった」とか「わからなかったことがわかった」という経験は、本来はおもしろいはずですし。

誰かの言うことを真摯に、謙虚に受け容れる姿勢はもちろん重要です。一方で、疑問や違和感といった自分自身の感覚の尊重も同じぐらい重要なはずです。ですから、先輩の話に素直に耳を傾けがちな新人の皆さまこそ自分自身の感覚を大切にしてほしいです。最後に長文ですが引用します。「『おもいがけない』ことばかり起こりましたが、その間私が一貫して大切にしてきたのは、自分自身の考え、感じ、つまり、自分にとってのリアリティーの感覚だったと思います。（中略）河合隼雄というのがこの世に生まれてきた。せっかく生まれてきたからには大切にしてやりたい。他の人とちがうことにしろ、ともかく本人が感じたり考えたりしたからには、それを大切にしてやらないと生まれてきた甲斐がないと思うのです。まちがったことやばかげたこともよくやるにしろ、だからといって全否定してしまったり、外から『正しい』ことを押しつけたりしては、生きている意味がない。ともかく一応は、河合隼雄という人間の考えや感情を大切にしてゆこうというわけです」（河合、1992、pp. 220-221）。研究はあなたの疑問から生まれます。いまの自分に、いまの業務に違和感があるなら。あなた自身の疑問から研究に取りかかって、あなたのまだ見ぬ景色を見てみませんか？

**◇Q＆A◇**

**Q　研究って何の役に立つんですか？**

**A　根拠を得られるので、とても役立ちます！**

「研究って役に立たないでしょ。そもそもこれまで量的研究が（臨床上の）役に立ったことないし」ってことですよね。研究がいかに役立つかについては本文でもたくさんお伝えしたつもりですが、ここでは量的研究が臨床上いかに役立つかに限定してお答えします。私たちはとても勘違いしやすいですよね。事実かどうか確認せずに決めつけてしまいがちだと思います。いちいち検証していたらキリがないので仕方ないですが、自分の思い込みの検証は、とても意味があると私は思っています。たとえば、「～の症状があると入院しやすくなります」とか「〜といった傾向があるとアルツハイマー型認知症が疑われます」といった伝える相手にとって重大な意味を持つ主張をする場合は責任を伴うので根拠がほしくならないでしょうか。論文を検索して「やっぱりそうか！」という結果であれば、自分の経験と研究結果の一致という根拠が得られます。根拠があれば、他職種やクライエント、そのご家族にとって重大な主張をしやすくなると思います。

根拠となるような論文が見つかった場合は非常にありがたいです。もしも検索して見つからなかった場合は、自分が研究しなければなりませんから（趣旨から逸れますが、本文で説明した「自分の疑問」はこのようにも得られます）。自分が研究するとなると大変ですが、臨床上大切な疑問であれば多くの心理職の役に立てます。ひいては、他職種やクライエント、そのご家族にもきっと役立つでしょう。

以上のように、量的な研究から自分の思い込みを検証して、根拠を得られます。研究って研究をした本人だけでなく、本人が気づかないところでも役に立っています。ということで「研究をしてみようかな」という方は、ぜひ試しにはじめてください！

**文献紹介**

対馬栄輝（2015）．よくわかる医療統計――「なぜ？」にこたえる道しるべ　東京図書

統計って難しいですよね。「まずは研究に必要な基礎知識を得るためには？」と尋ねられたら本書をお勧めします。無償の統計ソフトRを操作しやすく改良したRコマンダーのインストールや操作の仕方も具体的に解説されています。

Chaubey, V.(2017). *The little book of research writing*. Create Space Independent Publishing Platform.（成田悠輔（監訳）布施雄士（訳）(2022). 迷走しない！英語論文の書き方――秘密は「構造」作りにあり　講談社）

書名は「英語論文の書き方」ですが、日本語でも学会抄録にも役立ちます。わかりやすい文章を書くうえで、文章単位よりも全体の構成への着目が重要だと理解できました。200ページ足らずのコンパクトさも魅力的です。

**引用文献**

河合隼雄（1992）．河合隼雄――その多様な世界　岩波書店

松原茂樹（2011）．Introduction――三段論法と書き方10のコツ　松原茂樹（編著）臨床研究と論文作成のコツ　東京医学社　pp. 318-333.

日本学術振興会「科学の健全な発展のために」編集委員会（編）(2015). 科学の健全な発展のために――誠実な科学者の心得　丸善出版

# 第8章

# 「あらわす」②　質的研究

岸本和子

こんにちは。質的研究の章を担当しながら、研究ちょっぴりの心理職です。

スクールカウンセラーなどの教育臨床ののち、現在の精神科病院に来ました。自慢と言えば、乳幼児健診から老人保健施設でのアセスメントまで幅広い年齢の方にお会いしてきたことでしょうか。児童養護施設で子どもと遊んだり、生活支援の場で来所される方と休日を過ごしたりもありました。緩和ケアや司法精神鑑定などにもかかわっています。最近は、散歩療法と名づけた院庭散歩に精を出しています。あ。折り紙療法も開発中です。

## 1　質的研究

### （1）質的研究とは？

質的研究と聞いて何を思い浮かべるでしょうか。簡単に言えば、面接や観察、フィールドワークなどの調査を用いた研究で、数値化できないものを対象とした研究です。数量的なデータを用いる量的研究が仮説検証型の研究と言われるのに対し、質的研究は仮説生成型の研究と言われています。

私たち心理職が一番イメージしやすい質的研究は事例研究でしょう。心理療法や心理的援助のプロセスから何らかの新しい知見（something new）を導き出す研究です。個別の心理療法の経過もあれば、ワンセッションの詳細な記録を分析するものもあります。導き出された知見が、個別の事例だけに認められるのではなく、普遍性を有する可能性に開かれている必要があるとされます。

厳密には、質的研究≠事例研究ですが、ここでは事例研究に絞って考えたいと思います。

たとえば、日本心理臨床学会学会誌編集委員会編の『心理臨床学研究論文執筆ガイド2022年新訂版』（以下、『論文執筆ガイド』）にはこのように書かれています。

「本学会誌における研究論文（Research Article）とは、心理臨床学研究、すなわち、心理臨床学的な視点からなされた研究に基づく論文であり、心理臨床学の発展に寄与する独創性（オリジナリティ）が認められるものを指す。すなわち論文は、先行する研究や知見についての丁寧かつ適切なレビューを踏まえ、問題、目的、方法、結果、考察が論理性をもって展開されていること、一貫して心理臨床実践の視点が保持されていること、研究のあらゆる段階における倫理的配慮がなされていることが求められる。また、その研究論文によって示された成果や導かれた結論についての一般化の限界についての吟味が適切になされ、明示されていることも必要である。」

つまり、「研究」は、問題・目的・方法・結果・考察の構造を持つとともに、「独創性（オリジナリティ）」「一貫した心理臨床実践の視点の保持」「研究のあらゆる段階における倫理的配慮」が求められていることがわかります。

そして、「事例研究」は、明確な目的（問い）があり、その目的に合う先行研究のレビューをし、目的に適う事例の提示をし、目的に対応する考察を論じる「研究」ということです。

### （2）事例研究とは？

また、「事例研究」は、臨床実践の中で、何らかの発見や気づきがあり、「この事例について考えたい」という研究動機が芽生え、研究につながるものであり、事後的な研究という特徴があります。「さあこの事例を研究にするぞ！」と思って心理療法や心理的援助を開始するわけではありませんよね。山本（2018）が、「事例研究は、臨床実践の副産物」と述べるように、あくまでも第一義は臨床実践であり、臨床実践の中から研究は生まれるということです。

多くの心理職にとって、「研究」「学会発表」「論文投稿」は、一部の心理職が行っている遠い世界のように感じられるかもしれません。けれど、日々の臨床実践が「研究」につながると思うと、ちょっと「研究」が身近になりませんか？

## ２ 臨床実践から事例研究へ

### （1）日々の臨床実践の中で「事例」に出会う

子どもの発達についての相談を受けたときのことです。

お母さんの話を聞き、学校の先生に話を聞き、子どもの発達検査を実施したところ、発達に偏りがあることが推測されました。私は心理職ですから、診断はできませんが、「言葉での理解や表現がとても苦手で、雰囲気を読むこと、教えられていないことを生活体験の中で自然に身につけることが難しい。周りと一緒に活動するよりも自分の興味のあることを突き詰めたいタイプ」などとお伝えしました。お母さんは、学習の遅れも大きくなり、友だちとの関係も難しくなっているので、少人数活動の場所（仮に、「わくわく」と呼びます）を利用したいと希望しました。そこで、私はわくわくを主宰している先生に事情を説明しました。当然ですが、お母さんとどのような情報を先生に知ってもらいたいか、私がどのようなことを伝えようと思っているかを話し合ったうえです。

彼はわくわくに体験に行くことになりました。お母さんはかなり心配だったようですが、彼はとても満足した様子で帰って来て、「３回手を挙げた！」と話したそうです。お母さんは私に電話をくれて、「学校で手を挙げたことなんてないのに、『ほんと⁉』って何度も聞いたんですけど…『３回‼』って言ってて、本当みたいなんです」と言いました。お母さんもとても嬉しそうでした。私はお母さんの話を聞き、彼がはじめての場所で手を挙げられたことを疑問に思いました。活動に秘密があるのか、先生の問いかけがうまいのか。何かわかれば支援につながるかもしれないと思いました。

私がわくわくの先生にお礼の電話をすると、先生は「あれ？手挙げる場面ないよ」と言いました。運動を中心にした活動で、そのような場面はなかったと言います。私は、「え⁉」と引っかかり、その日の活動を詳しく聞くと、先生は「あ！何やりたいですかって質問して、そのときに手を挙げてもらったわ」と言いました。３つの活動のうちどれがいいかをみんなに手を挙げてもらったそうです。そして、２回そのような挙手の場面があり、最後に「今日楽しかった人」と聞いて手を挙げてもらったと言います。３回挙手の場面があったのでした。先生は、「たしかにきれいに手を挙げてたわ」と言いました。

私は、彼がどれほど誇らしい気持ちになったかを思いました。学校の教室で、彼は手を挙げることはありません。まるで授業に興味がないかのように他のことをしています。でも彼は手を挙げたかったのかもしれません。そして、子どもにとって「手を挙げる」は、参加している実感をもたらし、仲間とのつながりを感じ、自信や自己肯定感を育むことだとあらためてわくわくの先生と話し合いました。また、選択肢から選ぶという意思表示の挙手の大切さも彼から学びました。ただ、彼と同年齢の子どもは、同じ場面で「３回手を挙げた！」と思わないだろうことも推測されました。この出来事は、たんに喜ばしいだけではなく、彼の認知特徴が具体的に表れていた出来事でもありました。

### （２）臨床は研究へ、研究は臨床に

私は彼のような子どもについて、他の心理職や学校の先生と共有したいと思いました。彼らそれぞれの思いや捉え方を理解できたら、それを共有できたら、より支援に活かせるはずだからです。彼から、クライエントから、教えられたことを活かしたいと思うのです。

これはまだまだ研究ではありません。けれど、そもそも事例研究は、気づかなかったことに気づけるように、見過ごしていたことを見届けられるように、理解できなかったことを理解できるようになるための「研究」ではないでしょうか。「研究」として公表することで、より多くの支援者と共有でき、より多くのクライエントに活かされることを目的としているのではないでしょうか。

津川・遠藤（2011）は、「研究」がクライエントの秘密を暴露するイメージを喚起することを指摘しつつも、臨床の知を後輩に伝え、世の中に問うことの重要性に触れています。そして、１人の心理職では体験できない、気づきえない臨床の知見を積み重ねていくことは、心理職がクライエントを支援するためだけでなく、社会的説明責任を果たすことでもあると述べています。

考えてみれば、「ヒステリー」（DSM-5では、「転換性障害」「身体症状症」「解離症群」などに分類されるでしょう）は、シャルコー（Charcot, J. M.）の有名な実験から、ブロイアー（Breuer, J.）やフロイト（Freud, S.）の症例研究が続き、心的葛藤が多様な身体症状に転換され、ときに演技性をともなった発作や知覚の喪失が

起きる神経症として世に知られることとなりました。その後、数多くの研究が報告され、「ヒステリー」は疾患のみならず、パーソナリティの構造を表す概念になっています。いま私たちが「ヒステリー」という言葉を、臨床で活用できるのは、先達がその知を世にあわらし、その知が多くの症例事例に見いだされ、人間の心を説明しうる概念であることが、繰り返し確認されてきたからです。

そして、「研究」によって積み上げられた理論や概念を利用できるからこそ、心理職は心理職ならではの視点で、心理療法に訪れるクライエントとのやりとりを、報告されたエピソードを、観察した場面を、生育歴や教育歴を、心理学的に考えられるのです。

「研究」は「臨床」から生まれ、「臨床」は「研究」に支えられています。

### （3）日々の臨床実践を「研究」につなげるために

それでは、わくわくの彼のエピソードをもとに、「研究」につながる臨床実践の姿勢をまとめたいと思います。

#### ●問いを持つ

１つ目は「問いを持つ」です。受動的に話を聞くのではなく、「なぜ？」「どうして？」と引っかかり考える姿勢です。

私は、お母さんの話を聞きながら、「なぜ彼ははじめての場所で手を挙げられたのか？」と疑問に思いました。そして、「何かわかれば支援につながるかもしれない」と思いながら先生に電話をしました。さらに、先生の「手挙げる場面ないよ」という言葉にも引っかかり、活動の流れを詳細に聞くという介入をしました。もし詳細に聞かなければ、彼の体験の仕方や認知特性の理解は深まらなかったでしょう。このように問いを持ち、考え、必要に応じて介入することは新たな展開を生じさせます。

もちろん共感的に聞くことが大前提です。彼の誇らしい気持ちも、お母さんの嬉しそうな様子も、本当によかったと感じます。けれど、「手を挙げられてよかった～」で終わったら、たんに共感的な人になってしまいます。

問いを持ち考える姿勢は、臨床実践の中で新しい気づきや展開を生じさせます。それは、「事例研究」の根幹にある明確な目的（問い）を見出し、考察する（問いの答えを明らかにする）ことにつながっていくでしょう。

## ●言語で表現する

２つ目は、「言語で表現する」です。臨床実践を言語に翻訳するイメージです。無意識的・感覚的に行ったことを意識的・論理的な思考につなげ、言語的な記録として客体化することで臨床実践を俯瞰的に振り返ることです。

わくわくの彼についても、実際のやりとりはもっと感覚的に行っています。感覚的に行ったことを振り返り、私は何を見て、何を聞いて、何を考え、どのように介入したかを言語で表現すると、相互交流や展開が明確になります。すると、「彼は手を挙げたかったのかもしれない」「授業にも参加したいと思っていたかもしれない」と、そのときには思い浮かばなかったことも浮かんできます。そして、「選択肢から選ぶという意思表示の挙手も、彼の参加意欲を高める可能性がある」など小さな見立てとなります。このようなまとまった言葉での理解や小さな見立ては、彼の支援者と彼についての理解を共有するためにも欠かせません。「こんなことがありました」というエピソードの提示ではなく、そのエピソードを心理学的に説明することを私たちは求められています。

たとえば、臨床の訓練に欠かせないものに逐語録があります。苦労しながら逐語録を作っていく中で、臨床場面では引っかからなかったことに引っかかったり、気づかなかったことに気づいたりすることが増えていきますよね。そのような引っかかりや気づきは、「問いを持つ」に返り、臨床実践を深めます。

言語で表現し、俯瞰的に振り返る姿勢は、「問いを持つ」に連動して、臨床実践のより細やかな理解に活かされるとともに、小さな見立てを作り出します。それは、「事例研究」における言語表現力や心理学的な視点で説明する力≒「一貫した心理臨床実践の視点の保持」に通じるでしょう。

## ●発表する

３つ目は「発表する」です。かなり事例研究にちかづいてきました。

発表するためには、事例を知らない人にも、クライエントの臨床像や臨床実践がイメージできるように事例をまとめる必要があります。それは、独りよがりになりがちな私たちの理解を、客観的に位置づけることにもなります。

私はわくわくの彼について、彼の支援者を中心に発表をしました。そこでわかったことは、「選択肢から選ぶという意思表示の挙手も、彼の参加意欲を高める可能性がある」という小さな見立てが好評だったということです。すぐに実践できると言われました。そして、同じように学習に遅れがあったり、授業や活動に参加しにくい子どもへの支援について話が広がりました。

あくまでも身近なケースカンファレンスでの発表ですが、発表すると、何がどのように伝わったか、伝わらなかったか、何が役に立ち、何が重要視されなかったかを知ることができます。思い込みや勘違いを修正する機会にもなり、自分一人では気づけなかった視点を得ることができます。

ぜひ、事例検討会やセミナーで事例発表をしてみましょう。そのための事例報告には、「言語で表現する」で積み重ねてきた記録と見立てが役立ちます。事例をまとめる間にも気づかされることはたくさんありますし、発表すると、うまく伝わらないもどかしさを感じたり、思いもよらなかった視点に驚かされたり、ときに辛辣な意見に落ち込み、共感的な言葉に嬉しくなることもあります。発表することは、事例報告の提示ではなく、事例報告を通して質問や意見をもらい、新たに考える、自分の意見や考えを見直す機会です。

もし、事例発表が難しければ、事例検討会などで質問をする、意見を言うことから挑戦してみましょう。口に出してみると、くどい言い回しだったり、論点がずれていたり、いかに自分の発言がわかりにくいか、考えがまとまっていないかに気づかされます。また、自分の質問や意見が事例の理解につながったのか、はたまた重要でない指摘だったのかも検証できます。

「事例研究」には、「心理臨床学の発展に寄与する独創性（オリジナリティ）」が必要です。この独創性（オリジナリティ）は、事例の本質的な考察がなされたうえでの、something newの知見のことです。納得できる、うなずける事例報告や考察を作るためには、発表して客観的に検証する姿勢が不可欠でしょう。

## 3　事例研究の意義

### （1）「事例研究」としてあらわす

さて、日々の臨床実践の誠実な積み重ねと振り返りが「事例研究」につながるとは言いましたが、「事例研究」はなかなか手ごわいです。RPGのラスボスに挑むイメージです。まず「口頭発表」から、そして「論文投稿」に挑戦しましょう。「口頭発表」でも「論文投稿」でも、明確な目的（問い）があり、その目的に合う先行研究のレビューをし、目的に適う事例の提示をし、目的に対応する考察を論じるという構成は変わりません。ただ、「口頭発表」は「論文投稿」より、先行研究のレビューの精緻さや考察のハードルが低めです。

まず、引っかかった事例、興味深い、振り返りたいと思った事例を見つけましょう。そして、「挙手をきっかけに教室での適応が改善した男児」など、明らかにしたい点を中心に事例をまとめていきます。事例検討会などで発表したことのある事例だと書きやすいでしょう。また、先行研究も探します。国立国会図書館オンライン（NDL ONLINE）で「挙手␣教室」で検索すると、「教室における挙手の既定要因に関する研究」という論文がありました。心理学の論文ではないようですがちょっと面白そうです。

そして、１人で書こうとせず、スーパーバイザーや職場の先輩、心理職仲間に目を通してもらいましょう。日本語として読みやすいかも重要ですし、心理療法や心理的援助を行った心理職本人にしか理解できない内容は「研究」になりません。読み手が理解できる、納得できる記述や論理性が求められます。

まず何より書くこと。最初から書けなくて当たり前です。私は香月泰男（画家です）の言葉「立派に描こうと思うといつまでたっても描けない。ともかく描き始めることだ」を手帳に貼って自分を励ましています（笑）。

### （2）倫理はチェックリストにあらず

また、「研究」は、公表という性質があることを忘れてはいけません。クライエントの同意を得る、個人情報を記載しないなどは当然ですし、盗用や剽窃、二重投稿はすべての研究において禁止です。前述の『論文執筆ガイド』には【投稿前の点検リスト】があり、「執筆要綱」、「倫理綱領」、「倫理基準」をよく読んで、以下の項目について点検してください、と書かれています。ただ、点検リストをクリアしたから倫理OKと機械的に考えられるものではありません。

たとえば、クライエントの同意については、文書を交わすことが推奨されていますが、心理療法の開始時に交わすのか、終了時に説明するのか、どこまでどのように説明するのかなど考えることは山ほどあります。公表するのは、守秘義務を負う専門家だけが参加する場での口頭発表なのか、学術雑誌に投稿するのか、一般の書店に並ぶ可能性があるのかなども考慮します。一方で、訴えられないための心理職の保身に過ぎない形骸化した手続きは、クライエントの利益を尊重しているのかという指摘もあります。私たちは、個々の事例に対して、クライエントに対して、公表という性質に関して、考え続けないといけないということでしょう。

では、私が提示したわくわくの彼についてどう思いますか？

今回提示した場面は、実際の事例にもとづいてはいますが、本質を損ねないとはいえかなり加筆修正しました。個人を特定できる情報、年齢、場所、時期はありません。また、このエピソードを共有することについて、口頭で保護者から同意を得ています。私は、彼や彼のような子どもを支援する私たちのような人と広く共有したいと伝えました。そして、最終的には、私がこのような形で登場してもらうことに決めました。

倫理の問題は私たちの仕事においてもっとも大切です。『論文執筆ガイド』にも、「研究のあらゆる段階における倫理的配慮」とあります。公表する以前のデータ収集の段階（事例研究であれば臨床実践です）も倫理的配慮が不可欠ということです。心理療法や心理的援助を導入する際の説明と同意、心理テストの取り扱い、診断に関すること、支援者との情報共有と守秘義務など、つねに専門家としての判断が求められています。

津川・遠藤（2011）は、「何も語らないのが専門職としてのあり方ではない。心理職としての倫理の根幹は、何をどう語り、何をどう語らないのかを、薄氷の上を渡るような気持ちで歩むものであり、『いつも自分なりに考え、他の人に問い、振り返りみる、という作業を重ねつつ進む心理カウンセリングのプロセスと同じこと』（津川、2009）なのではなかろうか」と述べています。倫理は私たちの日々の臨床実践の姿勢を問うものでしょう。

### （3）１つの「事例研究」の中にあるもの

正直「研究」は大変です。私もやっとの思いで投稿して採択に至らなかったこともあります。１つの「事例研究」にどれほどの意味があるのだろうと思うことはありませんか？

ただ、私は、たかが１つ。されど１つ。と思っています。

というのは、１つの「事例研究」が結実するには、その事例の臨床実践のみならず、日々の臨床実践で培った経験知や思考、理論や概念などの知識、さらに出会ったたくさんの事例からの学びが中に詰まっていると思うからです。そして、「事例研究」に挑むこと自体が、私たちに多くの学びをもたらし、他の多くのクライエントとの臨床実践にも活かされます。

さらに、「事例研究」は、個別の事例についての研究であるにもかかわらず、似たような子どもがいること、似たような症状の人がいること、似たような心理療法における膠着状況を体験したこと、などの事例を思い出させるのです。わくわくの彼はケースカンファレンスでの事例発表ですから、文献レビューも新しい知見（something new）もありませんが、「同じような子どもがいる」と支援者間で話し合いが深まりました。彼１人のエピソードで終わるのではなく、彼のような子どもにかかわる支援者に活かされているはずです。

これが、「事例研究」の持つ力、そして「事例」の持つ力だと思います。１つの事例の中にいる１人の人に、私たちは思い入れ、想像し、考え、私たちが出会ったクライエントを重ねるということです。

もし、「選択肢から選ぶという意思表示の挙手は、授業への参加意欲を高める可能性がある」という文章を読むだけだったら、当たり前のこととしか感じなかったかもしれません。けれど、わくわくの彼がいたから、「そうか…」と本当に実感するのだと思います（そうあって欲しいと思います）。そして、この実感が、ほかのクライエントの理解や心理療法、心理的援助につながっていくのだと思います。

日々の臨床実践から研究が生まれ、研究は私たちの臨床実践を豊かにするということを感じていただけたでしょうか。「研究」は大変だけど魅力的です。

ちょっとやってみようかな？の一歩になればうれしいです。

### ◇Q＆A◇

**Q　研究をしたいのですが、誰に相談すればよいのでしょうか？**

**A**　スーパーバイザーや指導教官、職場の先輩や同僚に相談するというのが一番です。ただ、それが難しい場合、勉強会や事例検討会などに参加して、相談したい先生を探すことをお勧めします。私の周りには、セミナーに参加して、講師の先生にスーパービジョンをお願いした人がけっこういます。あるいは、知り合いの学会発表を聞きに行って、「私も発表したいんですが…」と言ってみるのもひとつかもしれません。学会発表の経験談をお聞きすることはできそうです。もちろん、相手が快くお話してくれそうな場合に限りますが。

また、心理職向けにスーパービジョンやコンサルテーションを行っているカウンセリングルームもあるので、論文や抄録の作成指導について問い合わせてみることもできるでしょう。ただ、ネットの情報はしっかり吟味のこと！

私が最初に口頭発表をしたときは、文章が読みやすいと思っていた先生（ある勉強会でご一緒していた）に、「発表を考えているのですが、抄録を見ていただくことはできますか？」と図々しくお願いしました（汗）。ありがたいことに、私の酷い抄録をとても丁寧に見て下さり、事例の展開はクリアになり、文章はとても美しくなり、まるでマイフェアレディ（オードリー・ヘプバーン主演の映画。田舎から出てきた女の子が洗練されたレディになっていく話）のように抄録は育ちました。それで、抄録を作るだけで充実しましたし、学会で発表するって面白いって思ったんですよね。

ただ、論文や抄録を見てもらうのであれば、発表まで、たとえ採択されなかったとしても発表のエントリーまでは頑張ることが前提ですよ。見ていただく以上は書き上げなきゃ！と思って取り組むのも叱咤激励になります。

### 文献紹介

津川律子・遠藤裕乃（2011）．初心者のための臨床心理学研究実践マニュアル　第２版　金剛出版

研究のガイドブックと言えそうな１冊です。「聞かせる文章（口頭発表）」と「読ませる文章（論文投稿）」の違いなど、とても参考になります。研究の意義や倫理についても考えさせられることばかりです。

山本力（2018）．事例研究の考え方と戦略　創元社

省察的（せいさつてき）と名づけられた丁寧に事例を振り返り、目的を決めて検討する事例研究のありかたは必見です。また、臨床記録の書き方など、臨床実践が事例研究につながるプロセスがよくわかります。

**引用文献**

日本心理臨床学会学会誌編集委員会（編）（2022）．心理臨床学研究論文執筆ガイド　2022年新訂版　日本心理臨床学会

津川律子（2009）．心の専門家における倫理　佐藤進（監修）津川律子・元永拓郎（編）心の専門家が出会う法律　第３版――臨床実践のために　誠信書房　pp. 191-198.

津川律子・遠藤裕乃（2011）. 初心者のための臨床心理学研究実践マニュアル　第２版　金剛出版　pp. 33-55.

山本力（2018）．事例研究の考え方と戦略　創元社

# Ⅲ　応用的スキル

# 第９章

# 「えがく」　キャリアデザイン

**梨谷竜也**

学部生のころから優秀で、先生にも気に入られ、心理職としての環境が整った職場を紹介してもらい、心理職に理解ある医師やコメディカルに囲まれ、優しい上司のもと着実に力をつけて…、というキラキラした経歴とは、真逆のところからスタートしている心理職によるキャリアデザインに関する一考察です。

私的な体験ベースのお話なので、多分に偏りがあるとは思いますが、エッセイ的に気楽にお読みいただければ幸いです。

## １　キャリアを考える

### （１）キャリアとは

キャリアとはそもそも何でしょう？辞書的には職業・技能上の経験、経歴といった意味になりますが、キャリアコンサルティングなどで用いる場合、それはたんに職業上の経験を指すのではなく、家庭生活や余暇活動、会社をリタイアしたあとや、無報酬の奉仕活動までを含めた、広く社会とのかかわりの中で自分がどうありたいかといったことを包含した概念となっています。

その中のどれを大切にするかは人それぞれですが、この本は「心理職の仕事」がテーマですので、本章では、キャリアの中でもとくに仕事に関するもの、いわゆるワークキャリアを念頭において、自分にとって納得のいく仕事を選び取っていく、あるいは作り出していく作業、すなわちキャリアデザインについて、私自身の経験も紹介しつつ考えてみたいと思います。

### （2）心理職とキャリア

小野（2009）は、臨床心理士のキャリア発達の特徴として、「職務が不明確で一般的なキャリア開発が難しい」「組織の中での職位は形成しづらい（管理職という選択は少ない）」「入職してから職場での役割の変化が少ない」などを挙げています。世の中の心理職をみると、たしかにそういう側面が少なからずありそうに私も思いますが、この状況をただ嘆くのではなく、主体性をもって変えていく作業がキャリアデザインだと言えます。

また、小野（2009）は「基本的に臨床心理士は自分の個別のスキルの向上に、興味をもっている職種といえる」とも指摘しています。それ自体は別に悪いことだとは思いませんし、個人的にはそういう職人気質なところが気に入って心理職をやっているという面もあります。しかし、そのスキルもスキルを活かせる職場にいなければ宝の持ち腐れになってしまいますし、スキルの向上度合いも、どんな職場で何をしていくかによって変わります。キャリアデザインをうまくやっていくことは、スキル向上にも役立つと考えて、関心を持ってもらいたいと思います。

### （3）プランドハプンスタンス

プランドハプンスタンス（Planned Happenstance）、「計画された偶発性」とか「意図された偶然」などと訳されている理論です。クランボルツ（Krumboltz, J. D.）らによって提唱されたもので、キャリアのかなりの部分は偶然起きる出来事、想定外の事態によって決定づけられる、それゆえ、変化への対応力を身につけ、主体的に行動していくことが重要であるといった考え方です（Kathleen, Levin & Krumboltz, 1999）。

たとえば、皆さんが心理職を目指すと決めたのはなぜでしょうか。なんらかの偶発的なきっかけによる方が多いのではと想像します。生まれたときから宿命づけられて心理職に就いたなんて人は、ほとんどいないだろうと思います。

プランドハプンスタンス理論では、偶発的な出来事をただ受け身的に待つのではなく、偶発的な出来事を成長のチャンスにするための対応力を身につけることが重要として、５つのスキルを挙げています（表９－１）。

心理職に就いたあとも、ただ与えられた仕事を受け身的にこなすだけでなく、

表9-1　偶然をキャリアのチャンスとして認識、想像、利用するための５つのスキル

| | |
|---|---|
| 好奇心（Curiosity） | 新たな学習機会を探求する |
| 粘り強さ（Persistence） | 挫折しても努力する |
| 柔軟性（Flexibility） | 態度や状況を変化させる |
| 楽観主義（Optimism） | 新しい機会を達成可能なものとしてとらえる |
| リスクテイク（Risk Taking） | 不確実な結果に直面しても行動を起こす |

出所：Kathleen et al.（1999）より筆者が作成

これらのスキル、姿勢を持って取り組むことが、新たなキャリアを展開させていくために重要といえます。

### （4）キャリアアンカー

キャリアアンカーとは、「個人が選択を迫られたときに、その人がもっとも放棄したがらない欲求、価値観、能力（才能）などのことで、その個人の自己像の中心を示すもの」（木村、2016）です。

キャリアアンカーは様々な経験を積むことで徐々に形成されていくものですが、自分のキャリアアンカーを自覚すること、言い換えると、キャリアにおいて自分がとくにこだわっていることは何なのかを知っておくことは、キャリアの中で選択を迫られる場面において役立ちます。

プランドハプンスタンスとキャリアアンカーは、流動性の高いものと固定化されたものという点で、一見すると矛盾する考え方のように思えるかもしれませんが、偶然に開かれた態度でありつつ、これだけは譲れないというものがあれば、より満足度の高いキャリア選択ができるのではないでしょうか。

## 2　キャリアを深める

### （1）学生のときにしておきたいこと

「学生の本分は勉強ですので勉強をしっかりしましょう！」というのは、言うまでもないことですが、バイトでも、遊びでも何でもいいので、様々な経験をしておきたいところです。

心理職になる上でのベースとなる人格形成に役立つといった意味合いもあるかもしれませんが、それ以上に自身のキャリアを考える上で、多種多様なバックグラウンドをもつ人とふれ合い、様々な経験をする中で、自分の価値観や自分の生き方の軸となるものが形作られていくかもしれません。もしかしたら、心理職じゃない方向性も見えてくるかもしれません。それはそれで非常に幸運なことだと思います。受験勉強に没頭し、大学でも授業だけを真面目に受け、いざ心理職に就くという段階になってから、「これって本当に自分がしたいことなのかな？」となると、もちろんそこからの方向転換でも遅いということはありませんが、そこまでに使う時間、労力、お金を考えると、なるべく早く気づくに越したことはありません。

心理職に就くとしても、学生時代の経験が心理職としての方向性に反映される可能性があります。たとえば子どもとかかわるボランティア活動の経験から、児童養護施設の心理職に強く興味をもち、その領域にかかわっていくきっかけになるかもしれませんし、もっと直接的になんらかの出会いがその後の仕事の入り口になるかもしません。

私は心理職としてのキャリアのスタートが発達障害児の療育なのですが、じつは療育にかかわることになるまで、発達臨床にはまったくといっていいほど興味がありませんでした。大学３年生の秋ごろ、そろそろ大学院受験のことも考えなければならないけど、そもそも大学の授業自体サボりがちで、どうしたものかなと思っているときに、当時所属していた運動部のOBの先輩と話す機会があり、聞けばその先輩も私と同じ心理学専攻を卒業していて、療育の仕事をしているといいます。そのころの私は療育という言葉も知らないくらいまったく知識はありませんでしたが、興味を持って話を聞いていると、実習生のようなポジションでその療育施設に入れるよう、口を利いてくれるというのです。まったくの未知の世界ではあるものの、現状の何かを変えなければ心理職に就くことはおろか、大学院にも行けそうにないと感じていたので、お願いしてそこに入れてもらいました。その後、大学４年生からはありがたいことに非常勤待遇でわずかですがお給料もいただいて療育を続けることになります（今の時代では無資格の学部生が非常勤というのはさすがに難しいかもしれませんが）。

この経験が、それから20年以上経つ今現在の仕事にもかなり影響を与えています。偶然といえばそれまでですが、プランドハプンスタンス理論に則って考えるならば、偶然をキャリアのチャンスにするための５つのスキルを持ち合わせていたのがよかったのだと思います。

ちなみに、そんな好奇心とやる気だけの学生がすぐに通用するほど現場は甘くありません。最初は子どもを前にして何をしていいかわからないので、他の心理職の先輩方のあとについて回ってそれっぽく立ち回るだけでしたし、カンファレンスでは何を言っているかさっぱりわからず、記録もどこに焦点をあてて書いていいのやらまったくわかりませんでした。しかし、それがきっかけで真剣に心理学の勉強をするようになり、留年間近だった学生が無事４年で卒業し大学院にも進学することができました。

### （2）さあ就職

私は先に述べたとおり、もう大学４年生から非常勤として勤務しはじめ、修士課程在学中もいくつかの非常勤をかけもちしている状況でしたが、修士課程を修了した翌年に正職員として現在の職場に勤め始めました。

ここで心理職の就活はどういうふうにすればよいか、私見にはなりますが述べたいと思います。

大卒でいわゆる一般企業に就職する人の場合、大学のキャリアセンターなどが主催する講座を受けたり、就活の本を読んだりして、就活に関する知識やスキルをある程度身につけてから就活に挑むわけですが、心理職として就活する人は、このあたりの対策がまったくと言っていいほどできていない人が多いように感じます。

たとえば、一般的な就活で最初のほうに行うことのひとつに、企業研究というものがあります。これは、自分が目指している業界の中にたくさん存在する企業の中から、関心のある企業について特徴（事業内容、強み、経営方針、社風、動向など）を調べるというものですが、志望企業を絞り込む際に不可欠な作業ですし、採用試験を受ける企業に志望動機を説明する際にも、企業研究をしっかり行っていなければうまく話せません。

ところが、心理職に就こうとする大学院生や卒後数年以内の若手で、これをしっかりやってから採用試験に臨んでいる人がどれだけいるだろうかと思います。医療機関の企業研究をするのであれば、まずはホームページを見ることになります。さすがにこれくらいは皆さんやっていると思いますが、ホームページから何を読み取るかが重要です。まずはその病院の診療科目が何か、どの診療科目が強いのか、どういった治療を行っているか、急性期なのか慢性期なのか、その医療機関の理念、経営者が重視していることは何か、これくらいは最低限調べてから採用試験を受けてほしいと思います。私の勤務先でもこれまでに何度か採用試験を行っていますが、受験者の中にはどの診療科目があるのか、開設されている診療科目でどういう疾患を扱っているかすら知らない方もけっこう多いのが実情です。基本の基本みたいな話で言えば、私の勤務先で心理職が比較的よくかかわる診療科目に、「神経内科」という科がありますが、脳、脊髄、末梢神経、筋肉の病気を扱う内科であるということすら知らずに、「心療内科」と勘違いして受験してこられる方もおられます。

他にもすでにその医療機関に心理職がいるのであれば、心理職の業務内容や対象者の特徴、よく用いる心理テストや面接技法、これまでの学会発表の演題や論文なども調べておくことが望ましいです。

もし、採用試験を受験する時点で心理職がいないのであれば、その医療機関で心理職が何をできるのかということは考えておいたほうがよいでしょう（自分ができることではなく、心理職にできることを考えるのがポイント）。

細かなこともいくつか触れておきたいと思います。

まず１つは、履歴書です。履歴書には書き方のお作法があります。たとえば、「学歴」「職歴」の欄の書き方などです。これは履歴書の書き方の本を見ればすぐにわかりますし、インターネットでもちょっと調べればいくらでも出てきます。それくらいのことができていないとなると、仕事をし始めたときに、調べればわかるものを調べずに適当に業務をこなしてしまうのではないかと不安になってしまいますので、履歴書の中身以前に体裁が整っていないという理由で採用を見送りたくなることがしばしばあります。

次に面接の中身ですが、これも一般的な就活のマニュアルを読んで、一般的な質問に対応できるよう準備しておくことは言うまでもありませんが、心理職ならではのところで言えば、大学院で担当したケースや、修士論文、卒業論文の中身を尋ねられることもあります。これらも専門領域が違う心理職が聞いてもわかりやすい説明ができるよう、準備しておくことが望ましいです。

最後に学会や職能団体への所属の有無です。これは普通に考えれば、所属しておくほうが望ましいでしょう。まったく何にも所属していないとなると、自己研鑽の意識が低いとみなされかねません。

### （3）仕事の幅を広げる

#### ●よくわからないけど、心理職を雇ってみた

ここからは、私自身の体験をもとに、何もないところから心理職としてのキャリアを積み重ねていくためにはどうすればよいかについて、述べてみたいと思います。

医療に限らずどの領域でもそうかもしれませんが、対人援助の現場において、“心理”が重要であることについて異論をはさむ人はほとんどいないと思います。では、その“心理”の専門家であるところの心理職に具体的に何をやってもらうかというところまでわかっている人はというと、ほとんどいないのではないでしょうか。「大事な仕事っぽいけど、何ができる人たちかはよくわからない」、これが心理職に深くかかわってこなかった人たちの一般的なイメージだと思います。

私が大学院修了後２年目に常勤として入った病院、ここは精神科を標榜していない総合病院なのですが、私がはじめて採用された心理職でした。心理職が採用されたのは、心理職にやってもらいたい具体的な業務があったからではなく、「患者さんのケアとかに心理職がいるとよさそう」くらいの漠然としたことを病院の上層部が考えてのことだったのだと思います。

#### ●就職しても自動的に仕事がくるわけではない

就職してからまず行ったのが現状把握です。具体的にはどういう患者さんがいて、どのような治療やケアが行われているか、どんな心理学的関与が可能で、対象となる人がどれくらいいるかなどを、同じ部署（心理職は自分一人でしたのでリハビリテーション部所属でした）の人に聞いたり、カルテを見るなどして調べました。次に、部署のメンバー向けに、心理職とは何か、自分がこれまでにどんな仕事をしてきたか、この病院でどんなことができるかなどをプレゼンしま

した。各診療科の医師および患者さん向けのリーフレットも作りました。

「さあ、これで準備万端、忙しい毎日がやってきた！」となるかというと、半年くらいはほとんど仕事が回ってきませんでした。

そのころの私はどんな様子だったかというと、スタッフルームに籠りがちで、どうせ内容がわからないからと言って、リハビリテーション部宛にかかってくる電話もとらない。たまにカウンセリングなどの対患者業務が回ってきたら、カウンセリングの情報を一切他職種には話さず密室状態のカウンセリングを行う。患者をめぐって正論をぶちあげて他職種と揉める。という感じでとにかく周囲とのコミュニケーションがまったくと言っていいほどとれていない、そしてかなり協調性に欠けた状態にあったと思います。

### ●コミュニケーションが仕事につながる

ですが、そのやり方がどうもよくなさそうだなということに徐々に気づきはじめ、コミュニケーションをとるべく次のようなことをやっていくようになりました。

・院内をとにかく歩く
・医師、看護師、リハスタッフ、ソーシャルワーカー、事務職員など、院内で出会った人とはとにかく何でもいいので会話をする
・病棟回診に参加
・部署のパソコンのトラブルシューティング
・病棟レクリエーションへの参加、企画
・各種委員会に参加し雑務を請け負う
・総合案内業務（当時、総合案内はコメディカル各部署の持ち回り制だった）
・職員旅行、部署内外の忘年会・新年会などに積極的に参加

こんな感じでやっていくうちに、次第に他職種から患者に関する相談を受けたり、医師から心理アセスメントやカウンセリングの依頼を受けたりすることが増えていきました。

アセスメントやカウンセリングのスキルが、この間に劇的に伸びたかというとおそらくそれはなかったと思います。変わったのは他職種とのコミュニケーションの量と質です。

私たちが普段、お店で商品を購入する、あるいは保険など何らかの契約をするとき、もちろんその商品やサービスに関する説明を聞いて良し悪しを判断するでしょうけど、その説明をしてくれる人が信用できそうか否か、感じが良い悪い、気が合う合わない、そういった商品やサービスの良し悪しとは直接関係のない、売る人がどんな人かという要素が購入に大きく影響するのではないでしょうか。そして、それは自分が知らないものを購入するときほど、強く影響するのだと思います（「どれがいいかよくわからないけど、あの人がお勧めしてくれてるからコレにしよう」ということがあるのではないでしょうか）。

先に述べたように、心理職が何をできるのか、何をしているのかというのは、目に見えないものだけに、ちょっと聞いただけではよくわかりません。しかし、コミュニケーションをよくとるようになったことで、「心理職の仕事の中身は依然としてわからないままだけど、あの人とはよく話すし、ちょっと頼んでみようかな」ということで仕事が増えていったという面が大きかったように思います。

●本業外の業務が本業にも役立つ

本業外の業務、たとえば、委員会活動などは大きな医療機関では各部署から担当者を出して部署横断的に行われていることが多いようです。私の場合は当初リハビリテーション部所属でしたので、リハビリテーション部の担当者として委員会に参加していました（本来、人数の多い部署だと全員に委員会の担当は回ってきませんし、皆行きたがらないものですが、当時は時間があったのと、顔を売るよい機会ということから、立候補して一人で複数の委員会に参加していました）。

実際に参加してみると、一生懸命やればかなり面倒な業務が多いものの、本業にもつながるよい経験になりました。私自身が経験したことを表にまとめてみました（表９－２）。

雑談も含め他職種と話す機会が多くなるため、普段あまり聞けない他職種の細かい業務内容を聞くことができ、コンサルテーション業務や後に行うことになる職員のメンタルケアなんかにはかなり役立ったと思います。

一時期、広報委員会の委員長をやっていたこともあるのですが、広告代理店の人とやり取りした経験や、広報やWEBデザインの知識、これらもキャリア

表9-2　委員会など本業外の業務で得られること

・他職種の顔見知りが増える
・他職種のことがわかる
・職場（病院）を違った角度から見ることができる
・社会人あるいは医療人としての常識を学べる
・心理職としてできること、すべきことを考えるヒントが得られる
・かかわっている業務によっては病院の中枢に入り込める

の幅を広げることになったと思います（後に職能団体の運営に携わるようになってからも役立っています）。ちなみに、広報委員会に入ってから、病院のホームページ作成にかかわり、役得（？）として、あまり他所ではみかけないくらい臨床心理士のページを造りこむことができたため、外来カウンセリングを始めたときにクライエントを集めるのには困りませんでした。

●他部署との協働

業務が拡大していくと、心理職がやろうとしている業務と他部署がすでに行っている業務がバッティングし、仕事の取り合いになることもありました。そもそも「患者の心のケア」のような言い方をすれば、全医療職がやっているものになりますし、個別の業務を見ても、心理テストは言語聴覚士や作業療法士、家族の心理援助は精神保健福祉士や社会福祉士、心理療法は医師や精神保健福祉士や認定看護師などが行っていたりします。

バッティングした場合、心理職である自身の専門性の高さや優位性を示して、仕事を取っていくという方法もあるかもしれませんが、それだと他職種との連携に悪影響を与えるかもしれません。

私の職場は、脳神経外科、神経内科の患者さんが多いため、神経心理テストを実施することが多いのですが、心理職が採用されるまでは、それは言語聴覚士と作業療法士の業務であり、とくに言語聴覚士にとっては主要業務のひとつとなっていました。私が入ってからも当初、医師からの神経心理テストの依頼は、ほぼ言語聴覚士宛てとなっていたのですが、心理職の存在が知られてくると、精神症状の評価などもセットでできるということから、心理職への神経心理テストの依頼の割合が高くなっていきました。しかし、言語聴覚士にとって

も主要業務であることから、どちらが行うのかということが問題になったのです。

けれども、ここで仕事を奪い合ったり、半々にして分け合ったりしたとしても、患者さんにとってメリットはまったくないので、両職種の強みを生かせる新しい業務を作ることにしました。それが「回復期リハビリテーション病棟入棟時スクリーニング評価」でした。これは今までは医師が気になった患者だけが、心理検査の対象となっていたのを、急性期病棟から回復期病棟に移る際、自動的に評価を行うシステムとし、その際、なんらかの精神症状が出ている人は心理職、言語障害が出ている人は言語聴覚士、あとは両者でわけて評価を行うようにしました。これにより神経心理検査の実施件数は数倍になり、何らかの問題を抱えた患者への早期介入も可能となりました。

### （4）人を増やす

業務量が増えて、一人では回らないくらいになってきたら、増員してもらいたいところです。人が増えることで新たに取り組める業務もありますし、人をマネジメントしたり指導したりするという経験も自身のキャリア発達につながります。しかし、人を新たに雇用するのには相当なコストがかかりますので、不採算部門の心理部門ではそう簡単にはいきません（本書公刊から数年を経て、心理職が採算の取れる職種になっていたらうれしいですが、診療報酬改定の流れを見ていると今後も難しいのではないかと思っています）。

まず最初にすべきは、業務の効率化です。業務量が多い、忙しいといった主張は、業務の効率化に取り組んでからでなければ耳を貸してもらえません。

次に実績のアピールです。業務の大変さに見合った実績がなければ、無駄な業務をしているだけではないかと思われかねません。

ここまでできれば、しっかり実績も上がっていて、かつ可能な限りの効率化も図っているということで、増員要求にある程度説得力が出てきますが、これだけだと、増員をしても職場（病院）側としてはメリットが感じられません。そこで、「増員したら新たにこんなこともできます！」というプラスの提案が必要となります。

この「こんなこともできます」の部分には、自分がやりたいことを入れたく

表9-3　新しい業務として提案する際の「役に立つ」こと

| |
|---|
| ●患者の役に立つ（病状改善、ホスピタリティ向上など） |
| ●職員の役に立つ（労力軽減、教育、エンパワメントなど） |
| ●組織の役に立つ（金銭的利益、評判向上、指定取得など） |
| ●社会の役に立つ（地域貢献、世間に求められているなど） |

なるかもしれませんが、職場に提案、プレゼンテーションする際は、自分がやりたいことではなくて、役に立つことであることが必須です。表９－３に私が考える「役に立つ」をまとめてみました。

こういった視点でプレゼンをするためには、普段から患者さん、職員、組織、社会に今足りないもの、求められているものを考えるようにしておかなければなりません。心理職はどうしても個人に目を向けがちですが、職場の経営方針、診療報酬改定の内容、国の施策といった情報にも目をむけるようにしましょう。

最後に、根回しです。じつはここがかなり重要です。どれだけ素晴らしい提案であったとしても、根回しが不十分だと採用されないこともありえます。自分の職場で様々なことを決める権限を誰が持っているのか、誰の影響力が強いのか、誰がこの件を応援してくれそうか、そのあたりを見極め、事前に相談しておくことが大切です。

### （５）出産、育児によるキャリアの中断

ここでは、出産、育児によるキャリアの“中断”について、心理職の場合はどうなのかを考えてみたいと思います。ただ、私自身が男性であるということから、どうしても男性の視点になってしまいがちであることは最初にお断りしておきます。

一般的な職業において育児休業を取得する上で懸念される点は、昇進の遅れや、復帰後も時短勤務や子どもの体調不良にともなう看護休暇取得などが嫌われ、定型的、補助的な業務に回されてしまうといった、いわゆるマミートラックと呼ばれているものです。心理職にとっても、もちろん同様の懸念はありますが、それに加えて、臨床スキルの低下や継続ケースの中断をどうするかといっ

た点を気にする方も多いのではないでしょうか。さらには、心理職の場合、非常勤雇用の人も多く、その場合、育児休業自体を取得できないという問題もあります。

私自身は日本の男性としてはおそらく極めて珍しい部類にはなると思われますが、４か月間育児休業を取得しました。子どもの生まれた時期や、妻の職場復帰のタイミング、そして何より育児に主体的にかかわりたいという希望から、やや長めの育児休業となりました。そのときの経験に少し触れたいと思います（男性の育児休業取得率は令和３年度で13.97%と、かなり増えてきてはいるものの、取得期間は２週間未満が51.5%、３か月以上は10.6%となっており、短期間の取得が多くなっています（厚生労働省雇用環境・均等局職業生活両立課、2022））。

育児休業取得にあたって、まず最初に悩んだのは自分が担当しているクライエントにどう伝えるかです。休み始める予定の数か月前から新規ケースを入れないようにするなどはしていたものの、いざ休み始める時点でもいくつかのケースは残っていました。担当を交代、あるいは一時的に交代する、育児休業期間中は一時的に中断する、これを機に終結するといった選択肢になるわけですが、そもそもケースによっては私に子どもがいることはおろか、結婚しているかどうかすら知りませんし、クライエントの抱えている問題や事情によっては、セラピストの結婚、出産、育児休業といったイベントを知ること自体がマイナスに影響する可能性があると考え、この話し合いを始めること自体に大きな不安を持っていました。

ただ、蓋を開けてみると、あくまで私が感じた範囲になりますが、それほどマイナスには影響しなかったように思います。影響を少なくできたのは、ひとつには育児休業中も一定の条件内で臨時に就労できる制度を用い、月２日ほど勤務できたことで、継続が必要なケースについては頻度を落としながらケースを継続できたということがあります（こういった制度は頻繁に改正されますので、本書をお読みの方はその時点でどういう制度になっているかお調べください）。また、セラピスト、クライエントの双方が終結する機会を逸してしまっていたケースもあり、そういったケースでは終結について考えるためのむしろよい機会になったかもしれません。クライエントによっては、いろいろ思うところがあった方もおられると思いますが、このことをきっかけとして状態が悪化したり、中断したりといったことは幸いにもありませんでした。

育児休業からの復帰後は、時短勤務ではなかったものの定時には保育園に子どもを迎えに行かなければならなかったり（子どもが生まれる前は、定時を過ぎて面接の予約を入れていることもしばしばでした）、研修会への参加数が減ったりといったことで、担当ケース数の減少や研鑽の機会減少にともなう臨床スキル低下も懸念していましたが、数年間それでやってみて、とくにスキルが落ちたという感覚もありません。

人生経験だけで心理面接が上達するわけではないのは、言うまでもありませんが、育児にまつわる心理的問題についてより深く考えるようになったり、乳幼児の発達を間近で見られたり、あるいは臨床から離れている時間に自分を見つめなおせたことなどは、むしろ臨床スキル向上に役立ったように感じます。

そういう意味では育児休業は、キャリアの中断といったネガティブなものではなく、キャリアアップにもつながりうるものではないかと思います。

### （6）自己研鑽

心理職に限らず、他の専門職でもそうですが、資格をとったら勉強が終了するのではなく、資格をとってからも仕事をし続ける限り、勉強は続けなければなりません。公認心理師法第43条には、資質向上の責務が定められており、「公認心理師は、国民の心の健康を取り巻く環境の変化による業務の内容の変化に適応するため、第２条各号に掲げる行為に関する知識及び技能の向上に努めなければならない」とされています。

心理職に必要とされる能力については、近年、コンピテンシーという概念が注目されています。コンピテンシーとは、「特定の専門家が、適切で効果的なやり方で業務を行う資格をもち、その専門職の倫理観や価値観に沿ったやり方で、適切な判断、批判的思考、そして意思決定ができること」（日本心理研修センター、2018）を意味しています。日本公認心理師協会では公認心理師コンピテンシー・モデルを作成し公表しています（図９－１）。

こういったものをもとに、コンピテンシーを高めていくことが心理職に求められているわけですが、ではどうやって学べばよいのでしょうか？

一般的な社会人の場合、OJT（On-the-Job Training: 職務内研修）が中心となり、

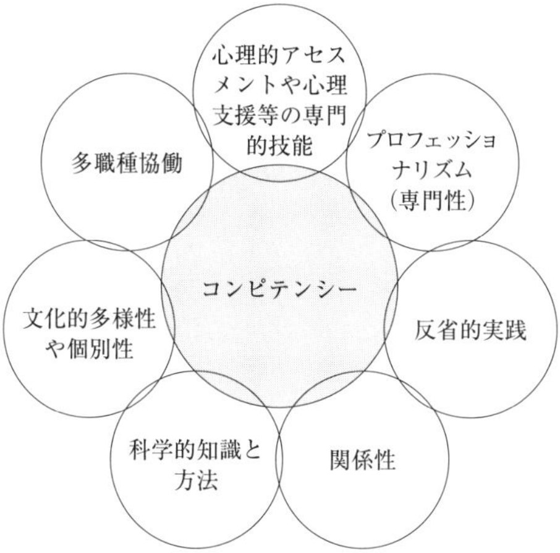


**図９-１ 公認心理師のコンピテンシー・モデル**

出所：日本公認心理師協会ホームページ

日々の業務の具体的なスキルについて先輩や上司から学ぶことになります。また、多くの企業では、Off-JT（Off-the-Job Training: 職務外研修）として、様々な研修が実施されていますので、それらを受講することで必要な知識やスキルを学ぶことができます。それに加えて、自己啓発として、社外の研修を自発的に受けることになります。

心理職の場合も基本は同じですが、業務がクライエントと１対１になりやすく、誰かが隣についてひとつずつやり方を教えるということができないため、OJTで学びにくいというのが特徴かと思います。また、心理職が自分一人というところもありますし、所属する心理職全員が一日中個別のケースを担当していて、ほとんど顔を合わせないといったところもあり、職場内で学びたくても学べないということもあります。Off-JTについてはもっと難しく、医療機関であれば、すべての職員を対象とした研修は用意されていることが多いですが、心理職だけのために研修が実施されることはまずありません（心理職だけで定期的に外部講師を招いて研修を実施しているところもあるのはありますが、ごく少数のようです）。

そうすると、必然的に心理職の学びの中心は職場外での自己啓発ということになります。心理職の職場外での自己啓発としては、スーパービジョン、研修会参加、書籍、eラーニングなどが挙げられます。

スーパービジョンは、おそらく大学院生のころにも経験しているので、まったく受けたことがないという人はいないと思われますが、社会人になると、自分でスーパーバイザーを見つけなければならないということもあってか、必要性を感じていても受けられないまま年月が過ぎているという人も多いようです。

時折、若手の心理職の方から、スーパービジョンをどうやって受けたらいいのかと聞かれることもあるので、スーパーバイザーの探し方について触れておきます。基本は、スーパーバイズを受けたい人に直接お願いをするということになります。学会、研修等で出会った人にその場で直接お願いをしてみてもよいですし、名刺交換などをしておいて、後日連絡をとってみてもよいと思います。学会や研修後の食事会などで直接話をしてみて、フィーリングが合いそうだと思ったら、その時点でお願いしてみるというのもよいと思います（私はこれを一番お勧めします）。

次に考えられる方法としては、職場の上司や先輩、母校の恩師などから紹介してもらうという方法です。自分をある程度知っている人が相性等を考えてマッチングしてくれるので、安全な方法と言えますが、実際に会ってみて自分には合わないなと思っても断りにくいという短所もあります。

さて、さきほど心理職はOJTで学びにくいという話をしましたが、心理職が自分一人だったり、他の心理職が教えてくれなかったりしても、一人で学ぶちょっとしたコツもあります。たとえば、皆さん心理テストの前にはカルテを見ると思いますが、所見を提出したあとにもカルテを見ているでしょうか？カルテを見ると、検査所見を読んだ医師が、その検査所見にどの程度納得したか、どの程度理解したかといったことがわかる記述がなされている場合があります。紙で所見を出していたら、文章に線が引かれていたり、「？」と書かれていたりといったこともあるかもしれません。こういった情報を参考に、自分の所見の良し悪しを判断し、改善を加えていくことができます。もちろん、機会があれば直接、自分の検査所見についてどう思うか聞いてみてもよいと思います。

医療現場だと、医学、薬学、リハビリなどの知識もある程度は必要となります。本で学ぶのもよいのですが、自分が患者さんとかかわったときに疑問に思った部分を、直接当該の職種の人に聞いてしまったほうが圧倒的に早いです。

また、その質問をすることが、その職種の人とのコミュニケーションのきっかけにもなり、連携がとりやすくなるといった副次的な効果も得られます。

最後に、少し何かを学んだら、今度はそれをアウトプットしてください。研修講師を引き受ける、論文や本を書く、仲間内に発表する、後輩や実習生の指導をするなどなど、なんでもかまいません。受身的に学んでいるときには気づかなかったことも、人に伝える段階になって気づくことがあります。「自分なんてまだまだ…」などと言わずに、自分の学びのためだと思って、アウトプットしていきましょう。そして、それを続けることで、今度は大学の非常勤講師に呼ばれたり、何らかの仕事のオファーが来たりなど、新たなキャリアが開けるチャンスにもなります。

◇Q＆A◇

**Q　就職したらやっぱり３年は辞めてはいけないものなんでしょうか？**

就職したら３年は続けて頑張るべきだという話をよく聞くのですが、どんなことがあっても辞めてはいけないのでしょうか？入職前にはわからなかったのですが、いざ働き始めてみると、自分にはどうもあわない気がするのです。

**A　スパっと辞めてください（笑）**

「３年は辞めてはいけない」ってたしかによく聞きますね。でも３年という数字にこれという根拠はなさそうです。「石の上にも三年」という諺が由来なのでしょうか？ちょっと私にはわかりません。辞めるに足る明確な理由があれば、スパッと辞めましょう！

さて、そのうえであらためて早期離職について考えてみたいと思います。多くの仕事で「経験」と呼べるレベルまで技量が身につくのには、それなりの期間が必要ですが、その期間がもっとも精神的にきつい期間で、きっと辞めたくなることが一番多い時期なのではないかと思います。

私の今の職場は、電車を降りてそこから15分ほど歩いたところにあるのですが、入ってすぐのころは、毎朝この15分がとても苦痛だったのを覚えています。かなり遠くからでも見える職場の看板があるのですが、この看板が見えてくると何とも言えない憂鬱な気分になったものです。そしてこのころは、辞めてどうにかなるものであれば辞めたいとも思っていました。

では、このまだ経験と呼べるものが何もない時期に辞めるとどうなるかというと、まず次の仕事を見つけるのにかなり苦戦するかもしれません。卒業してからの年数だけ経っているものの、これといってできることがないとなると、採用する側も躊躇するかもしれません。また、辞めた理由を聞かれる可能性は高いですし、その理由如何によっては採用を見送る決定打になるかもしれません。

かりに次の仕事が運よく見つかったとしても、また、初心者からのスタートになるので、そこでも同じようにしんどくなって、すぐに辞めたくなってしまうかもしれません。専門職である以上、努力せずとも簡単にこなせる業務などなかなかあるものではありません。もしそういったものがあったとしても、今度は達成感がない、つまらない、自己の成長を感じられないといった別の問題が出てくるかもしれません。

なので、仕事が大変、仕事がうまくいかなくてつらいといった類の理由で辞めたくなったときは、耐える時期だと思って、第12章でも述べられているストレスマネジメントの方法を駆使してサバイブしてほしいなと思います。

逆に今すぐ辞めてもいいと私が考えているのは次のようなケースです。明確なハラスメントがある（ハラスメントか厳しいだけなのか迷う場合は第三者に相談を）、職場でコンプライアンス違反があり、かつそのことが問題にならない、長時間労働や過度な業務上の負担を強いられるなどです。

## 文献紹介

Krumboltz, J. D., & Levin, A.S. (2004). *Luck is no accident: Making the most of happenstance in your life and career.* Impact Publishers.（花田光世・大木紀子・宮地夕紀子（訳）（2005）．その幸運は偶然ではないんです！——夢の仕事をつかむ心の練習問題　ダイヤモンド社）

本章で紹介したプランドハプンスタンスについて事例を交えて紹介している本です。この本は、読んで知識を得るというよりも、「こんなこともあるんだから自分も一歩踏み出そう」と考えるきっかけになればということでご紹介しました。

## 引用文献

Kathleen, E. M., Levin,S. A., & Krumboltz, J. D. (1999). Planned happenstance: Constructing unexpected career opportunities. *Journal of Counseling & Development*, 77 (2), 115-124.

木村周（2016）．キャリアコンサルティング理論と実際——カウンセリング、ガイダンス、コンサルティングの一体化を目指して　一般社団法人雇用問題研究会

厚生労働省雇用環境・均等局職業生活両立課（2022）．育児・介護休業法の改正について——男性の育児休業取得促進等　https://www.mhlw.go.jp/content/11900000/000851662.

pdf (2023年6月3日閲覧)
日本公認心理師協会ホームページ　コンピテンシー・モデル　https://www.jacpp.or.jp/pdf/competency_model_jaccp.pdf（2023年6月3日閲覧）
日本心理研修センター（2018）．公認心理師現任者講習会テキスト 2018年版　金剛出版
小野公一（2009）．第91回部門別研究会報告（人事部門）――医療専門職のキャリア開発　産業・組織心理学，23(1)，73-80.

# 第 10 章

# 「つたえる」　情報発信

吉村幸恵

皆さんはじめまして。私はこれまで高齢者療養型の病院で働きながら大学附属カウンセリング施設や外部EAP機関で非常勤スタッフとして経験を積み、現在は総合病院で心理テストやカウンセリングを行っています。これまでに何度か研修の依頼をいただいて、コミュニケーションやストレスマネジメントなどの研修講師を担当したことがあるのですが、限られた時間で効果的に専門知識を伝えていくというのは、なかなか工夫がいるものです。この章では情報発信と題して、私たちが持っている知識や情報を広く発信するための研修の作り方、コツといったものを考えてみたいと思います。

## 1　研修講師を依頼されちゃいました

皆さんは研修を企画したり、講師になって人に教えたりといった経験をされたことはあるでしょうか。私がはじめて研修の依頼を受けたときはまだ新米心理職で、「研修講師って何するの？ どう話せばいいの？」と頭の中がハテナだらけでした。研修講師のやり方など習った記憶がなかったのです。しかしながら、2017年に施行された公認心理師法には、その役割の中に「④心の健康に関する知識の普及を図るための教育及び情報の提供を行う」(厚生労働省、2017) と明記されています。“研修会の講師” と聞くと、ベテラン心理職の役割！と思いがちかもしれません。しかし、他職種からみれば、新米心理職であっても、心の健康に関する専門家です。たとえば、医療現場では “怒りを表出する患者とのコミュニケーション”、“自分を労わることの大切さ～ストレスマネジメント〜”と題して看護師をはじめとした他職種に研修会を行うことがあります。また、学校現場では、リストカットや摂食障害、起立性調節障害など、児童思春期に生じやすい心身の状況について、教職員に対して研修を企画・実施する機会があるかもしれません。心理的アセスメントや心理的援助とともに、心の健康に関する教育および情報提供は、心理職に期待されている重要な役割だということです。今すぐに研修会を企画したり、講師を務めたりする機会はないな、という方も、いつか機会が巡ってきたときのことを想定して、一緒に準備してみませんか？

### （1）研修会企画の流れ

まずは、研修の依頼を受けてから企画を進めていく流れを、簡単に見ていきましょう。

#### ●目的や内容の確認

研修を依頼されたら、その枠組みを確認していくことが必要です。まずは依頼された研修の目的がどういったものかを分析します。研修の目的は、研修が終わったときに何ができるようになるか（中村・パイク、2017）を考えると明確になりやすいでしょう。現場が抱えている課題を解決するためなのか、予防のために役立つ知識を備えたいのか、といった視点で分析すると研修の目指すところがより具体的に見えてくると思います。

現場で生じている課題解決のための研修会の場合は、目的や内容を考えると同時に、心理職として研修以外に役立つことはないか？という視点も大事になります。研修会だけでカバーしきれない課題も多く、それ以外の方法、たとえば環境への働きかけを一緒に検討したり、個別で対応したりするなどを組み合わせることが現実的です。こちらから依頼者に提案し、相談してみることは、課題解決への大きな一歩となるかもしれません。

#### ●研修形態の決定と構成設定

研修の目的や内容の大枠が決まれば、さらに研修の詳しい内容と構成順序、タイムスケジュールを考えます。「全体の時間の中でどのようなコンテンツを取り入れるのか、そのコンテンツの各トピックにはどのくらい時間をかけるのかを考え、全体の設計図を作っていく」(中村・パイク、2017) 作業です。研修形態は大きく分けて「講義」と「体験学習」の2つがあります。講義の形態では多くの情報や知識を伝えることができます。体験学習は、グループワークやロールプレイングなど参加者が実際に体験しながら学びを深めるものです (のちに詳しく紹介します)。たとえば、前半に講義をして、後半に体験学習のワークとディスカッションを組み込む、といったようにおおまかな構成を設定します。時間配分は、各コンテンツに必要な時間をある程度予測しつつ、人間が集中力を維持できると言われている90分を目安に区切って設定するとよいでしょう。

### (2) 研修案内と資料の作成

#### ●受講者への案内

研修内容や形式の決定と並行して進めたいのが、受講する対象者への案内です。まずは「ぜひとも参加したい!」と思ってもらえるような研修タイトルを考えましょう。そして、研修の内容や目的がわかりやすく伝わる簡潔な案内文を作成し、フォントやイラストにもこだわりながら案内チラシを作製しましょう。「勉強になりそうだ」「楽しそうだ」といかに思わすことができるか、案内チラシは、参加者の受講意欲を高める重要なポイントとなります。案内チラシの掲示のほか、メールでの連絡、SNSやホームページへの掲載など複数の手段を用いて、対象者に案内が届くように工夫することも大切です。

#### ●資料とスライドの準備

研修内容や形式が決まれば、教材資料の準備をしていきましょう。研修の際には参加者への配布資料とスクリーンに投影するスライドが必要になります。スクリーンに照射するスライドを印刷して配布することが多いですが、スライドの情報量が多い、文字が小さくて見えない、といった問題が発生する可能性があります。また、視覚情報を読むことに気を取られて講師の説明を聞き逃すといったことも起こりやすいと考えられます。中村・パイク (2017) によると、投影するスライドは「単語、もしくは短いフレーズやキーワード」に留め、「聴覚情報である講師の説明を補佐する」ような「写真や図」を使用するとよいそうです。配布資料には「詳細な説明や参考情報」を掲載し、参加者があとから自分のタイミングで見返すことができるようにするとよいでしょう（中村・パイク、2017）。

### （３）当日の会場設営

当日、参加者を迎える前には、会場設営をします。研修の内容や参加人数に合わせて机の配置を考えましょう。講義形式の研修ではスクール型やシアター型が典型です。島型の配置はグループワークや参加者同士の対話がしやすくなります。なお、研修内容によっては、途中で形を変えた方がよい場合もあり、全体の流れをしっかりと検討したうえで、会場設営を行う必要があります（図10－１）。

マイクやパソコン、スクリーンなどの機器は、研修会場の設備を使用できるのか、持ち込む必要があるのか、事前に確認しておきましょう。パソコンの仕様（OSやソフトのバージョン）によっては持ち込んだデータが開けなかったり、文字化けしたりといったトラブルが起きる可能性があります。時間に余裕をもって会場に入り、機器の接続を試しておきましょう。

また、研修当日は講師の仕事をこなすことで手一杯になりがちですので、アシスタントのスタッフがいると助かります。当日の会場設営や受付、急な問い

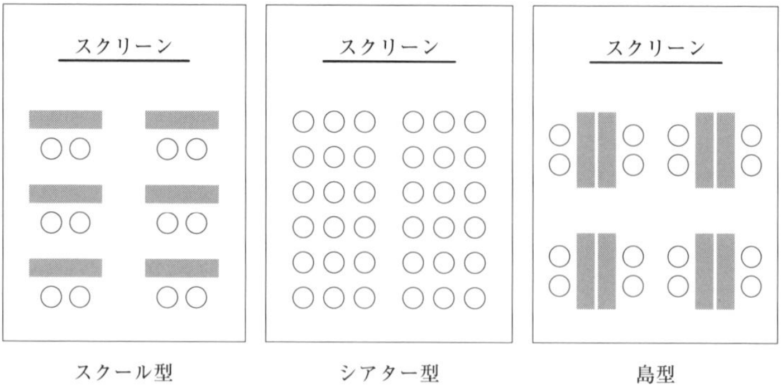


**図10－1　会場設営**

出所：中村・パイク（2017）（一部抜粋・改変）

合わせやトラブルへの対応等を担当してもらうとスムーズです。講義や体験学習の中でも人手が必要になることがありますので、事前に依頼しておくことをお勧めします。

## 2 学びが深まる研修とは？

上述の通り、研修形態は「講義」と「体験学習」の２つに分けることができますが、ここでは主に心理職の研修においてよく用いられる体験学習について紹介したいと思います。

### （1）交流して学ぶ体験学習

●体験学習で得られるもの

体験学習がなぜ必要なのか、結論から言えば、「社会に求められている力を身につけるため」と言えます。経済産業省は2006年、職場や地域社会で多様な人々と仕事をしていくために必要な基礎的な力として「社会人基礎力」を提唱し、「前に踏み出す力（アクション）」、「考え抜く力（シンキング）」、「チームで働く力（チームワーク）」の３つの能力をあげています（経済産業省ホームページ）。これらの能力は、学問として学ぶというよりも、他者との関係の中で体験的に身につけていく力（鯖戸、2016）です。これに関連して、学校教育現場では2014年ごろから、学びの質や深まりを重視し課題の発見と解決に向けて主体的・協働的に学ぶ学習、いわゆる「アクティブ・ラーニング」（文部科学省、2014）が進められています。他者とコミュニケーションを取りながら課題に取り組む体験学習の場が求められているのです。

●体験学習の基本的な流れ

体験学習の形は様々ありますが、鯖戸（2016）が挙げている「グループ体験学習の流れ」に沿って進めることができます（表10－１）。まずは自己紹介やアイスブレーキング・ゲームで緊張をほぐすとよいでしょう。それから、ワークのねらいや目標、終了時間などを伝えて、ワークに入ります。課題を達成することや正解を見出すことも大事ですが、重要なのはメンバーとかかわることで

表10-1　グループ体験学習の流れ

| | 内容 |
|---|---|
| 1）アイスブレーキング | チェックイン、自己紹介、アイスブレーキング・ゲームなどをして、場の緊張をほぐす。 |
| 2）導入 | ワークの目標やねらい、ルールの説明をする。 |
| 3）ワーク | 課題のシートや使用する道具を配布する。終了時間を明確にする。 |
| 4）結果や正解の発表 | 必要に応じて発表し、全体にわかるようにホワイトボード等を活用する。 |
| 5）ふりかえり | ねらいに沿ってどの程度学ぶことができたか、プロセスをふりかえる。 |
| 6）わかちあい | ワークをしたグループ・メンバーとふりかえりの内容を伝え合う。 |
| 7）全体わかちあい　コメント | わかちあいでの気づきを参加者全体で共有する。解説して一般化する。 |

出所：鯖戸（2016）（一部抜粋・改変）

「心の中で起こったこと、相手との関係の中で起こったこと、グループの中で起こったこと（プロセス）」（鯖戸、2016）に気づいていくことです。ワークの後にはその気づきについてふりかえり、全体で共有することで、さらに学びが深まるでしょう。

## （2）役割を演じるロールプレイング学習

### ●ロールプレイングの特徴

体験学習の方法の一つに、ロールプレイングがあります。ロールプレイングは役割演技とも言われ、想定した場面状況において参加者がそれぞれの役割を演じる学習方法で、学校の道徳教育や、心理療法の技法としても取り入れられているものです。知識や技法を取得する目的の研修では、その技法・スキルを使う場面を想定してシミュレーションすることで、実際の場面で適切に対応する力を身につけることができるでしょう。また、登場する役割それぞれに感じ方やとらえ方が異なるということを体験的に学ぶこともできます。役を演じることで相手のことを想像する力が養われたり、今まで気づいていなかった自分の一面を知ることができたりと、多くの洞察が得られます。

●ロールプレイング学習の注意点

ロールプレイングを行う際にはいくつか注意が必要です。文部科学省のHPでは次のように書かれています。「第一に、ロールプレイングが終わった時点で、演じた人がその役割を抜け出すのに必要な時間がきちんと確保されることが不可欠です。第二に、学習者のそれぞれが、個々人の感情やグループの社会的構成を尊重する必要があります。例えば、障害のある人々に関するロールプレイングの場合、学習者の中に障害のある人が（もしかしたら見えない形ででも）いるかもしれないこと、あるいは、障害のある親戚や友人がいる学習者もいるかもしれないということを、しっかり考慮に入れるべきです。」（文部科学省ホームページ）

上記のように、登場した役に親和性がある場合はとくに、役に感情移入しやすくなります。疑似体験をして傷つき涙が出たり、無性に苛立ったりするといったことが起こります。演者だけでなく、観察者も同様です。まるでそこに自分や近しい人がいるかのように感じながら見ている人がいるかもしれません。参加者の傷つきを予防・ケアする配慮が必要です。ロールプレイングの後には役割から元の自分に戻るために休憩時間を設けたり、しっかりと全体でわかちあいを行ったりするなど、十分なクールダウンを行いましょう。

## （3）Webでつながるオンライン研修

●オンライン研修のニーズ

2020年以降、新型コロナウイルスの感染拡大によってソーシャルディスタンスが叫ばれ、集合研修が控えられていた状況の中、参加者がそれぞれの自宅・職場といった離れた場所からインターネットを介して参加するオンライン研修のニーズが急速に高まりました。状況が緩和されてきた今でも、研修形態の1つとして利用されています。

●オンライン研修の種類

オンライン研修の形態には主にライブ配信型とオンデマンド配信型の２つがあります。ライブ配信型は研修をリアルタイムで生中継するもので、講師や参加者同士での双方向の交流ができます。オンデマンド配信型はあらかじめ録画した動画を配信するもので、リアルタイムで交流することはできませんが、参加者は配信期間内の好きな時間に受講でき、繰り返し視聴することも可能です。

●オンライン研修のメリットとデメリット

オンライン研修の特性上、参加者は画面越しに単独で研修を受ける形となり、交流の機会が少なくなります。参加者をグループに分ける機能を使って少人数のディスカッション時間を作るなど、研修の中で交流しやすい機会を設けるとよいでしょう。また、個人情報などの守秘が必要な内容の扱いには十分注意しましょう。オンライン研修では自宅や職場などの第三者が同じ場所にいるような環境から受講する場合も多く、受講者以外の人へ内容が聞こえるリスクをはらんでいます。PCやスマートフォンの機能を使って簡単に録音・録画できてしまうことにも注意が必要です。意図する・しないにかかわらず、守秘義務違反にならないよう、事前に注意事項として伝えておくとよいでしょう。

### （4）緊張をほぐすアイスブレーキング

研修の場ではじめて会う人同士で話し合うのは、誰でも緊張や不安を感じますよね。その緊張を和らげ、安心・安全に学べる場を参加者全員で作っていくために、「アイスブレーキング」を取り入れてみるのはどうでしょうか。アイスブレーキングでは、アイス（氷）をブレイクする（溶かす、壊す）という言葉通り、ゲームを通して固まった雰囲気を和ませ、自然と打ち解け合ったり、対話が生まれたり、安心して話せる雰囲気が作られたりします。様々なゲームがありますが、ここで私のお気に入りを１つ紹介します。

【誕生月日順並び】（鯖戸（2016）より抜粋、一部改変）

ねらい：無言で誕生月日順に並び、非言語コミュニケーション（身ぶり・手ぶり）を体感する。

形　態：全員で行う。

進め方：

１．ファシリテーター（進行役）は無言で誕生月日順に並ぶように説明する。

２．最初の誕生日の人が立つ位置と、どの方向に並ぶのかを伝える（内側向きで円形に並ぶとよい)。

3. 並び終わったら、誕生月日の早い人から順に誕生月日を言ってもらうことで確認していく。
4. 確認の途中で、今日が誕生日の人、何かの記念日などと合致した人がいたら讃えて、自己紹介してもらう。
5. どのように月日を確認し合ったか尋ねる。そのことについて感想を聞く。

このゲームは誰でも気軽に参加しやすく、しかも自然なコミュニケーションが生まれます。喋ってはいけないという制限があると、アイコンタクトや身振り手振りを使って、何とかして伝えようと工夫を凝らすでしょう。すると、いつのまにか協力し合い、チームワークが育まれ、その後の研修の雰囲気がとてもよいものになります。ぜひ一度取り入れてみてください。

## 3　心と記憶に残るような伝え方とは？

### (1) 心に残るのはストーリー

情報や知識の伝え方のコツとして、ビジネス業界のプレゼンテーションの手法が参考になります。レイノルズ（Reynolds, G.）（2016）によると、「ストーリーテリング」という手法では、ストーリー、つまり「その物事の背景について語っていくこと」で聞き手の感情に触れることができ、伝えたいことがより記憶に残りやすくなると述べています。たとえば野球選手について「○○選手が通算30本のホームランを打った」と伝えるよりも、「○○選手はシーズン開幕からハイペースでホームランを量産していたにもかかわらず、6月に右足を痛めて試合に出られない日々が続いた。しかし彼は粘り強く毎日のストレッチとトレーニングを重ね、8月に見事試合に登場し、今シーズン通算30本のホームランという結果に至った」と言うとどうでしょう、感じ方に違いがあったかと思います。伝えたい物事の背景にあるエピソードや具体例をふまえて伝えることで、参加した人の心に残る研修になるでしょう。

### （2）伝えるためのスキルと心構え

#### ●伝わる話し方

伝わる声・話し方について考えてみましょう。中村・パイク（2017）によると、研修では「声の大きさ、トーン、抑揚と強弱」を意識するとよいそうです。全員に届く声で、自分の一番自然なトーンで話すのが基本ですが、重要なことを話すときには低いトーンで話すといった変化をつけるとよいそうです。抑揚の上げ下げや、強調したいところでメリハリをつけることも意識してみましょう。また、話すときの間の取り方で、参加者の注意を引き付けたり、考えを促したりすることができます。「投げかけられた質問を理解し、答えを考え、発言としてまとめるまでのプロセスに、脳は「12秒間」を要する」（中村・パイク、2017）と言われており、意識的に間を入れる必要があるのです。

まずは前述した声や話し方のポイントを意識しながら実際に話して練習してみましょう。どんな話し方をしているか、誰かに聞いてもらったり、スマートフォンなどで録画・録音してみたりしてもいいでしょう。まずは客観的に見てみることが上達の第一歩です。

#### ●参加者とのコミュニケーションスキル

忘れてはならないのが、参加者とのコミュニケーションスキルです。これは心構え・姿勢ともいえるでしょう。体験学習や質問対応を通して参加者と対話する場面で、参加者の発言を受け止め、共感し、傾聴を続けていく（中村・パイク、2017）姿勢が大切です。意見の違いがあっても否定せず、なぜそう思ったのかを想像してみてください。質問者とその場で話し合えるのであれば、さらに深い気づきが得られるでしょう。

### （3）研修を閉じるクロージング

研修を閉じていくための作業がクロージングです。研修の最後に、その日の研修内容や、今後の実践に向けて考えたことを振り返り、整理する（中村・パイク、2017）時間をとります。クイズやミニテストで理解度をはかってもよいでしょう。この作業は、個人で整理する時間と、それをグループや全体で共有する時間の２段階があると、より実践につながる学びとなります。工夫して伝えたことを、さらに記憶に定着させる効果も期待できるでしょう。

いかがでしたか？研修の企画・実施について、イメージが膨らんだでしょうか。最後にもう一つ、大事なことをお伝えします。研修会が終わったら、企画や運営に携わったスタッフと自分自身の労をねぎらうことを忘れないでくださいね。無事に開催できたことを感謝し、「お疲れさま」「ご苦労さま」と声を掛け合うことも、“クロージング”の作業の一つだと、私は思っています。そうすることで、さらにチームワークが高まったり、次の研修の機会につながったりするでしょう。

皆さんが心理職として「つたえる」仕事を楽しく行えますように、そしてどこかでその姿を拝見できることを楽しみにしています。

◇Q＆A◇

**Q　難しい質問がきたらどうしよう。**

**A**　質問対応の時間は、どんな質問がくるだろうか、とドキドキしますよね。どんな質問にも「とにかく何か答えないと！」って焦ってしまいます。ですが、その場ですぐ答えられないような難しい質問には、「すぐには答えられないので、後日お答えしてもいいですか」と正直に伝え、後日回答しましょう。質問が出たおかげで、説明不足や知識不足に気づけたり、新しい学びを得られたりします。質問を怖がらず、むしろ「質問ありがとうございます」という気持ちでいられるといいですね。

**Q　グループワークで時間がオーバーしたらどうしよう。**

**A**　体験学習のワークはそのときの盛り上がりによっては予定時間を超えそうになることがよくあります（逆に予定より早く終わることもありますが）。私の場合、なるべく伝えた時間通りに進行しつつ、発表の際は「話がまとまっていなければ、経過でかまいません」と伝え、どうしても途中で終了を告げることが難しい場合は、合間に挟む休憩時間や質問対応の時間を使って調整し、研修終了の時間は超えないように気をつけています。

**文献紹介**

中村文子・パイク，B.(2017)．講師・インストラクターハンドブック――効果的な学びをつくる参加者主体の研修デザイン　日本能率協会マネジメントセンターこの本があればはじめてでも迷子にならずに研修企画ができます。ビジネス研修向けに書かれていますが、心理職のどの領域の研修にも生かせる How to が詰まった一冊です。

鯖戸善弘（2016）．コミュニケーションと人間関係づくりのためのグループ体験学習ワーク　金子書房

タイトルの通り、コミュニケーションや人間関係づくりを目的としたグループワークの実例が載っています。面白そう！話し合ってみたい！と思えるものばかりで、読んでいるだけでもワクワクします。

**引用文献**

経済産業省ホームページ　社会人基礎力　https://www.meti.go.jp/policy/kisoryoku/index.html（2023 年 7 月25 日閲覧）

厚生労働省（2017）．公認心理師法の施行について　https://www.mhlw.go.jp/content/000964627.pdf（2023 年 6 月 15 日閲覧）

文部科学省（2014）．初等中等教育における教育課程の基準等の在り方について（諮問）https://www.mext.go.jp/b_menu/shingi/chukyo/chukyo0/toushin/1353440.htm（2023 年 7 月 25 日閲覧）

文部科学省ホームページ　人権教育の指導方法等の在り方について［第三次とりまとめ］実践編　3．指導方法の在り方　https://www.mext.go.jp/b_menu/shingi/chousa/shotou/024/report/attach/1370772.htm（2023 年 8 月 2 日閲覧）

中村文子・パイク，B.（2017）．講師・インストラクターハンドブック――効果的な学びをつくる参加者主体の研修デザイン　日本能率協会マネジメントセンター

レイノルズ，G.（2016）．世界最高のプレゼン教室　日経 BP 社

鯖戸善弘（2016）．コミュニケーションと人間関係づくりのためのグループ体験学習ワーク　金子書房

**参考文献**

子安増夫（2018）．公認心理師の役割の理解――２．公認心理師の職務　子安増夫・丹野義彦（編著）公認心理師エッセンシャルズ　有斐閣　pp. 58-59.

野島一彦（2017）．大学における 25 科目　A 心理学基礎科目　①公認心理師の職責――公認心理師の役割　野島一彦（編著）　公認心理師入門――知識と技術　日本評論社　pp. 8-11.

# 第11章

# 「ととのえる」① キャリアマネージメント

代田沙緒里

皆さんこんにちは。私はこれまで、総合病院、クリニック、スクールカウンセラー、行政機関などにおいて、常勤、非常勤として勤務してきました。現在は大学で心理職を目指す学生の実習のお手伝いをしています。転職回数もそうですが、勤務した職場の数としても多い方だと思います。様々な職場で勤務してきたので、子どもから大人まで、アセスメントからセラピーまで、業務の経験としてはたくさんのことをしてきました。職場を転々とする中で、ふとキャリアというものについて考える時間が増えました。１つのところで長く勤務することや、常勤として腰を据える方が自分自身の専門性を見出し心理職として深みが出るのではないかと悩んだ日々も、そう昔のことではありません。ここではそんな悩んだ私が（今も悩むことはありますが）、皆さんのこれまでとこれから、そして今のキャリアについて一緒に振り返り見据えることができるように、少しでもなにかお伝えできればなと思い書いてみました。

## 1　そこそこの太さでながーく続けるために

### （1）クライエントを大切にするためにあなた自身を大切に

本書をここまで読み進めてくださりありがとうございます。始めから順に読み進められた方も、気になる章から読まれた方も、胸の内には様々な思いを抱かれているのではないでしょうか。ここまでの章に書かれていたことは、今すぐでなくとも、すべていつかどこかで必ずや皆さんのお役に立つことです。ただ、それを実現するためには皆さん自身のコンディションがととのっていなければなりません。他者を大切にするということは、自分自身を大切にするということに繋がっています。逆を言えば、自分自身を大切にできない人は他者を援助して大切にすることは難しいといえます。物事を地道に持続させるさまとして、“細く長く”という言葉があります。目の前のクライエントや、クライエントに関係する周りの人々の力になる心理職の職務を持続することを言い表す上で、“細く長く続ける”というと個人的にクライエントに対する援助力が少し弱い印象を受けます。“太く長く続ける”というとかなり頑張らなければならない印象ですよね。そこでこの章では、“そこそこの太さでながーく続けていく”ために、あなた自身を大切にするスキルについてお伝えします。クライエントを大切にするために、あなた自身を大切にしてください。

### （2）なんかモヤモヤを感じます…

皆さんは日々の業務をゆっくりと振り返ることはあるでしょうか。振り返ってみた場合、どう感じるでしょうか。今のまま変わらず突き進めばいい！と感じる方もいるでしょうし、このままでいいのだろうかとモヤモヤを感じる方もいるでしょう。もしもあなたが後者である場合は、1度キャリアを見直してみてもいいかもしれません。まずはあなた自身が何に対してモヤモヤを感じているのかということを明らかにしましょう。「これって心理の仕事なんかな」「セラピーがしたいのに、心理テストしかできていない」「一人職場だし、横の繋がりがなかなかできない」「多職種連携ってよく聞くけど、実際にどうやってすればいいの」「わかってはいたけど、やっぱり給料が安い」…。業務内容であったり、福利厚生であったり、人によってモヤモヤの中身は様々だと思います。モヤモヤに対する具体的な対処法は、この本の各章を読まれた皆さんであれば、明日から使えるスキルをもうすでに得ていることでしょう。ここではそれぞれのモヤモヤに対する具体的な対処法ではなく、もう少しキャリア全体の捉え方や考え方について述べていきたいと思います。

## 2 ワーク・エンゲイジメントとジョブ・クラフティング

### （1）イキイキと働くために

バーンアウトの対概念であるワーク・エンゲイジメントという概念が注目されるようになって久しいです。ワーク・エンゲイジメントは、「仕事に関連するポジティブで充実した心理状態であり、活力、熱意、没頭によって特徴づけられる。エンゲイジメントは、特定の対象、出来事、個人、行動などにむけられた一時的な状態ではなく、仕事に向けられた持続的かつ全般的な感情と認知」と定義されています（島津、2010）。つまり、仕事に誇りを持ち、仕事から活力を得ていきいきと働く状態（島津、2009）のことです。

この概念の定義を聞いて皆さんはどう思われるでしょうか。私自身は、過去に自分の働いている状態を振り返ったときに、とてもじゃないがこの概念からはかけ離れているということを認識したと同時に、そんな自分自身にショックを受けた記憶があります。自分自身で選択して就いた心理という専門職であるにもかかわらず、気が付けば先に述べたようなモヤモヤを抱きながら、ただ業務に追われる日々となっていたのです。

そこで他の臨床心理士はどういう状態なのだろうかと疑問に感じ、臨床心理士のワーク・エンゲイジメントに関する調査を実施したことがあります。そこでは、臨床心理士のワーク・エンゲイジメントは一般勤労者や他の対人援助職者（看護師や介護福祉士など）と比較して高い傾向が示されました。ワーク・エンゲイジメントの高い者は、個人の資源としては高い自己効力感を有していることや、積極的な問題解決コーピングを取る、子どもがいて育児をしているなどといった特徴が見出されました。また、仕事の資源としては同業者からのサポートや職場満足感がともに高いことが示されました（代田・香川、2020）。自己効力感については、エンゲイジメントの規定要因かつアウトカムであり、両者は双方向の関係を有していることが指摘され、自己効力感がエンゲイジメントを高め、上昇したエンゲイジメントが自己効力感をさらに高めるという上方のらせん効果（島津、2010）という現象がはたらくとされています。すなわち、自己効力感でエンゲイジメントを高めるためには、この好循環を生み出す必要があります。また、育児をするという点においては願って簡単に実現できるものではありません。同業者からのサポートを受けることや、職場満足感を高めるということにおいても、そこに至るまでには長い時間と様々な要因が関係してくるので即時的に得られるものではないといえます。

そうはいっても、ワーク・エンゲイジメントが高い人は、鬱々したり不安になったりといった心理的ストレス反応が低くなり、不眠や疲労感などの身体愁訴（身体的ストレス）は減り、仕事や家庭への満足感も高まり、さらにはパフォーマンスも向上するとされています（Shimazu, Schaufeli, Kamiyama, & Kawakami, 2015）。つまり、心理職に限らず働く上では誰もがワーク・エンゲイジメントを高めることが、その人にとって有効であるということは間違いありません。本来、エンゲイジメントという単語は「婚約」「引き込む」などと訳されることがあります。皆さんが仕事に引き込まれて、夫婦のように相互に影響を及ぼし合いながら長年寄り添うためには、このワーク・エンゲイジメントを高めることは必須であるといえます。ではワーク・エンゲイジメントを高めるためにはどうすればいいのでしょうか。

### （2）ジョブ・クラフティングでワーク・エンゲイジメントの向上を

ジョブ・クラフティングは、2001年にアメリカのWrzesniewski, A.とDutton, J. E.により提唱された概念であり、「課題や対人関係における従業員個人の物理的又は認知的変化」と定義されています。言い換えれば、仕事のやりがいや満足度を高めるために、自分の働き方に以下のような工夫を加える手法です（厚生労働省、2019）。

①作業クラフティング（仕事のやり方に対する工夫）

仕事の中身がより充実したものになるよう、仕事の量や範囲を変化させる工夫（例：目標設定や優先順位をつけたスケジュール管理）

②人間関係クラフティング（周囲の人への働きかけの工夫）

仕事で関係する人々との関わり方を調整することでサポートや前向きなフィードバックをもらい、仕事への満足感を高める工夫（例：職場の先輩に自らの仕事に関するアドバイスを求める）

③認知クラフティング（仕事の捉え方や考え方に関する工夫）

仕事の目的や意味を捉え直したり、自分の興味関心と結びつけて考えることで、やりがいを感じながら、前向きに仕事に取り組む工夫（例：自分の仕事が自分の将来に与える意義を考える）

ジョブ・クラフティングは、仕事のやりがいや満足度を高め、ワーク・エンゲイジメントを向上させるための取組みの１つとして、有効であることが知られています。VUCA時代（Volatility: 変動性、Uncertainty: 不確実性、Complexity: 複雑性、Ambiguity: 曖昧性）と呼ばれる昨今、働き方は多様に存在します。むしろ心理職は、非常勤職の割合が高いことから、以前よりずっと働き方は多様であり不安定といえます。このような中に身を置きながら心理的援助を行っていくためには、やはり自分自身の心をととのえておかなければなりません。先に述べたようなモヤモヤを抱き続けていては、その務めを果たすことは難しいでしょう。

## （3）ジョブ・クラフティングをやってみよう！

まずは、自分自身の業務をすべて棚卸してください。その中でどのようなことに対してモヤモヤしているのか、そこから自己分析をして自分自身をあらためて見つめ直してみてください。このとき、can（できること、できないこと）・must（やるべきこと、期待されていること）・will（やりたいこと、目指していること）の３つの視点で考えてみるといいと思います。その後、ジョブ・クラフティングの３分類（図11－１）についてそれぞれ工夫できる点を考えてみてください。

いかがですか。皆さんの中でなにか感じられるものはあったでしょうか。ここまでしてみて、「やっぱり自分に合わない」「今後も組織が変わっていく可能

| ○仕事のやり方への工夫 | ○周りの人への工夫 | ○考え方への工夫 |
| --- | --- | --- |
| 例）スケジュール管理やTo doリストの作成を工夫する、自分の勉強時間を確保する | 例）先輩や同僚に自ら相談にいく、周囲と積極的に関わる | 例）自分の仕事が社会に与える意義を考える、仕事のやりがいをとらえ直す |

**図11-1　ジョブ・クラフティングの３分類**

出所：島津（研究代表）（2019）

性が感じられない」「別の場所でしかできないことがある」といった思いを抱いているのであれば、思い切って今の職場を辞めて次の選択肢を見出すことも大切です。

## 3　あなた自身を大切にするために

### （1）偶然の出来事をチャンスに変えて

今の職場を辞める決断や失敗体験も含めて、起きた出来事を自分次第で今後のあなたのチャンスへと繋げていける可能性が十分にあります。第9章でも紹介されたクランボルツとレヴィン（Krumboltz & Levin, 2004 花田・大木・宮地訳 2005）は、キャリアをステップアップさせるために偶然の出来事をチャンスに変える大切さを説いています。つまり、もともと持っている目的意識や自分のこだわりに固執するのではなく、目の前の出来事に潜むチャンスをいかに前向きに捉え、摑み、活かすことができるかということが問われているのです。もしかすると、今この本を手に取り読んでいるという出来事が、皆さんにとってなにかのチャンスになり得るかもしれません。チャンスはどこにあるかわからないので、出逢った際にそのチャンスを摑めるように日頃からしっかりと準備をしておくことが重要です。

人との出逢いに関しても同様で、偶然の出逢いこそ重要になってくるかもしれません。よい情報は、どこから、誰からもたらされるかわからないからです。チャンスという偶然が、まるで計画されていたものであったかのようにするためには、今あなたができることを後悔のないように取り組むことが大切です。

### （2）得意なこととやりたいこと

日々の業務で、自分の得意なこととやりたいことというのは、必ずしも一致しませんよね。「やりたいけど、よくわかっていない」「できるけど、面白くない」などと思うことは、皆さん日常茶飯事ではないでしょうか。自分のやりたいことをするためには、その知識やスキルを身につけなければならないことは言うまでもありませんが、もう1つ、周囲からの信頼を得ることも必要です。信頼されていないと、意見を聞いてもらえないし、もちろん業務を任せてももらえません。そこで、信頼されるためにはまず自分自身ができること、得意としていることを着実にこなしていくことが必要不可欠です。確実に業務を遂行できるという印象を周囲に与え信頼を勝ち得たならば、やりたいこと、好きなことに取り組みましょう。計画通りには進まないということを前提にしながら、自分自身の特性を理解しつつ、いつチャンスがきても摑めるようにしておいてください。

### （3）働いている自分自身を肯定してあげてください

皆さんはどうして心理職になられたのですか。自分自身で選んで決めた方も、そうでない方も、今心理職として働いているということは事実です。そのような中で、今の職場が嫌だなと思うこともあるかもしれません。もしかすると、心理職ではなく違う道に進もうかと考えたこともあるかもしれません。どのような形であれ、働くということはこの先もおそらく続いていくでしょう。

人によって、自分自身の働きを認めてもらいたいと思う相手は様々であると思います。ただ、忘れないでほしいことは、自分で自分を認めてあげる、労ってあげるということです。皆さんは皆さんが思っている以上に日々奮闘されているはずです。それはなんのためでしょうか。クライエントの援助をしたいからと思われた方が大多数ではないでしょうか。自分のことよりも周囲のためにと思う心理職あるあるですよね。最初に述べたように、心理的援助をするためには、自分自身のコンディションをととのえておかなければなりません。周囲を優先しすぎて自分自身が疲弊してしまっては、せっかくの熱意もスキルも意味がありません。そうならないためにも、皆さん自身のキャリアをときどき振り返りながら、イキイキと働き続けられるようにあなた自身を大切にしてください。

◇Q＆A◇

### Q もうこの業界、心理職を辞めたいです…

アセスメントにセラピーに毎日業務は自分なりに頑張っているし、帰宅後も勉強していますが、一向にスキルが上達している実感がありません。横の繋がりもできないし、自分の時間もなく疲れました。心理職を続ける自信がなく辞めたいです…。

## A　正直、私も近所のケーキ屋さんで働こうかと本気で悩みました！

わかります！じつは私も心理職を辞めていっそ近所のケーキ屋さんで働こうかと本気で考え悩んでいた時期がありました。業務量や人間関係に悩むなど仕事がきついという思いや、心理以外の違うことをしてみたいという思いもありました。が、一番の理由は生まれた我が子が可愛くて、近場で短時間のパートをして後は子どものそばにいたいと思ったからです。産育休の取得で、１年半近く仕事とは無縁の生活を送りました。このまま心理職から離れようか、そもそも働くこと自体を少し休もうかとぐるぐる考えていた中で、たまたま育休中に１度だけ学会に参加しました。そこで「子育て経験は危機管理能力や柔軟な対応力、忍耐力などの向上に繋がるので、心理職として現場に活きてくる」という言葉を聴き、そのことをきっかけにもう一度心理職として戻ろうと思いました（学会参加って、結局心理職というフィールドから出てへんやんとツッコみたくなりますが)。

心理職を辞めたい、そんなときは無理せず心理という仕事から距離をとってみていいと私は思います。とは言うものの、お金のことや周りの目も気になると思うので、退職して仕事から離れるということを実行するにはかなりの覚悟と勇気がいりますよね。なので、実際に職場を飛び出す前にまずは皆さんの周りにいる方に「心理辞めたいんだよね」とポロッとこぼしてみてはいかがでしょうか。こぼす相手は友だちでもいいでしょうし、パートナーでもいいでしょうし、同僚でもいいでしょうし、先輩でも、誰でもいいと思います。案外共感を得られるかもしれません（笑)。周りにこぼしてみるということは、ただ共感を得るだけではなく、自分一人で抱えているだけでは気が付かなかった心理という仕事の面白さや、自分自身の心理職に対する思いというものを再認識できる機会になることもあります。私も、もしもあのときなにもせずただ自分一人で悩み続けていたとすれば、学会で聴いた言葉のような考えはきっと想像すらできなかったはずです。１年以上心理とは無縁の生活を送っていても、まったく心理職に戻りたいと思わなかったそんな私が、その言葉を聴いた瞬間になるほどそうなのか！と、すっと自分の中で腑に落ちた感覚があり、やっぱり心理職として働こうとあらためて思うことができました。自分の中で本気で考えたならば、自分の周りの人に相談してみるなど、自分とは違う誰かの意見や考えを聴いてみてください。やっぱり心理が面白い、心理職として働こうと思えるかもしれないですし、辞めたい、違うことがしたいという思いが強いままかもしれません。あなたが後者であるならば、そのときは覚悟と勇気を持って心理職から離れてみてもいいかもしれません。どうせ働くのであれば、自分自身が納得できることやところで働ける方がよくないですか。

## 文献紹介

島津明人（編著）（2015）．職場のポジティブメンタルヘルス――現場で活かせる最新理論 誠信書房

公私においていきいきを生み出すためのエッセンスがぎゅっと詰まっていて、わかりやすく理論的な教示も解説されているので自分のためにも周りの人のためにも役立てることができます。

小此木啓吾（2000）．あなたの身近な「困った人たち」の精神分析――パーソナリティそのミクロな狂い 新潮OH! 文庫

働く上で自分がおかしいのかなと自信がなくなったときに、けっしてそんなことはないと周囲の見方を少し変えてくれるような、節目節目で読み返せるバイブルのような存在です。文庫本でとても読みやすいです。

## 引用文献

厚生労働省（2019）．令和元年版労働経済の分析――人手不足の下での「働き方」をめぐる課題について https://www.mhlw.go.jp/stf/wp/hakusyo/roudou/19/backdata/column2-6.html（2023年4月25日閲覧）

Krumboltz, J. D., & Levin, A. S. (2004). *Luck is no accident.* Impact Publishers.（花田光世・大木紀子・宮地有紀子（訳）（2005）．その幸運は偶然ではないんです！ ダイヤモンド社）

島津明人（2009）．職場のポジティブ心理学――ワーク・エンゲイジメントの視点から 産業ストレス研究，16(4)，131-138.

島津明人（2010）．職業性ストレスとワーク・エンゲイジメント ストレス科学研究，25，1-6.

島津明人（研究代表）（2019）．ジョブ・クラフティング研修プログラム 実施マニュアル 労働安全衛生総合研究事業「労働生産性の向上に寄与する健康増進手法の開発に関する研究」（H29-労働-一般-004）

Shimazu, A., Schaufeli,W.B., Kamiyama, K., & Kawakami, N. (2015). Workaholism vs.work engagement: The two different predictors of future well-being and performance. *International Journal of Behavioral Medicine*, 22, 18-23.

代田沙緒里・香川香（2020）．臨床心理士のワーク・エンゲイジメントに関する調査 サイコロジスト：関西大学臨床心理専門職大学院紀要，10，1-7.

Wrzesniewski, A., & Dutton, J. E. (2001). Crafting a job: Revisioning employees as active crafters of their work. *Academy of Management Review,* 26(2), 179-201.

# 第12章

# 「ととのえる」② ストレスマネージメント

平野　徹

皆さん、はじめまして。私は大学院を修了後、今の職場である総合病院に心理職として就職し、現在に至っています。業務内容としては、主に高齢者の方を対象に認知症や高次脳機能障害の神経心理アセスメントとカウンセリングを行っています。加えて、職員のカウンセリングやストレスチェックに関する業務、自治体が行っている自殺予防事業への協力など、いろいろなことを経験してきました。

今回の執筆のお話をいただいたときに、当方は入職してから５年くらいは仕事で悩むことが多く（今でも悩みますが）、ほとんどセルフケアできていなかったなと思い出しました。現場で15年近く働いた心理職の先輩として、働き始めていろいろと苦労の多い初学者の方々にむけて、過去の先行研究を交えつつセルフケアの大切さと自分自身を大切にすることは結果的に良い援助に繋がることを伝えたいと思い、書いてみました。少しでも皆さんのお役に立つことができれば幸いです。

## 1　心理職にだってもちろんストレスはある

### （1）心理職の不養生？

早速ですが、皆さんはセルフケアをされていますか？ことわざに「医者の不養生」というものがあります。意味は、人にはしろと説教しておいて自分ではやらないことであり、その由来は他人には健康に気をつけろという医者が自身の健康に気をつかわないことからきています。筆者は大学院を出てひとり職場で孤軍奮闘している方とスーパービジョンという形でお会いすることがあります。担当しているケースについての話がメインではあるのですが、自身が抱えている心理職としてのストレスが話題にあがることもあります。たとえば、「これって心理職の仕事なのかな」「職場がカウンセリングすることを許可してくれない」「相談できる先輩や同僚がいない」「大学院や教科書で習った通りにいかない」「ケースが中断してしまった」等々、色々なモヤモヤがあるようです。そんな話を聞きしんどそうな表情を見ていると、臨床の先輩として「セルフケアはできているのかな」と心配になることがあります。皆さんはどうでしょう。ご自身のストレスマネージメントはできていますか。

心理職はストレスマネージメントが大事だと言われています。日本臨床心理士資格認定協会による倫理綱領には次のように定められています。

「臨床心理士は基本的人権を尊重し、専門家としての知識と技能を人々の福祉の増進のために用いるように努めるものである。そのため臨床心理士は常に自らの専門的業務が人々の生活に重大な影響を与えるものであるという社会的責任を自覚しておく必要がある。したがって自ら心身を健全に保つように努め、以下の綱領を遵守することとする。」

この「自ら心身を健全に保つように努め」という部分は臨床心理士としての社会的責任を果たすためには、心身を健全に保つことが必要であると言い換えることができます。したがって、臨床心理士は倫理綱領に従って、自らの心身に注意を払い、健全に保つよう努める必要があるのです。心のケアを職務とする心理職の体調が整っていなければクライエントに良い援助をするということが難しくなるということであり、心理職のセルフケアはクライエントの援助に繋がっているということです。この書籍を読んでいる方々の多くは、なにかしらの形でクライエントの援助に携わっている、あるいはこれから携わる方々だと思います。精神的に不調を来しているクライエントに休息の必要性の説いたり、ストレスコーピングについて話し合うことがあると思います。自分自身のケアが疎かになっている状態での言葉は、あなたの目の前にいるクライエントに伝わっているでしょうか。

大学院ではクライエントを大事にすることは教えてくれても、自分自身を大事にしてケアをするということの必要性を教えてくれる機会は少ないのではないかなと個人的に感じています。ここでは心理職のストレスマネージメントとセルフケアについてお伝えしようと思います。

### （2）心理臨床という仕事のストレス

Farber & Heifetz（1981）は、北米を中心として60名の心理職への調査を実施しており、そこでは心理職が感じるストレスについての結果もあり、簡単に紹介したいと思います。文化圏が違う調査ではありますが、興味深いデータです。ストレス因として点数が高かった項目は、「過剰な仕事量」、「障がいをもった人と接すること」、「仕事場での対人関係」、「感情的な疲弊」、「クライエントの生活に対する責任感」「過剰な書類作業」と続きます。またクライエントの行動とかかわるストレス誘因としては、「強い精神病理」と「抵抗（無断欠席、遅刻）」の２因子が抽出され、具体的な項目としては「自殺をほのめかす発言」「クライエントの攻撃性と敵意の表出」が挙げられていました。

そして、経験年数が１年から３年までの臨床家がもっともストレスが高く、経験年数が４年から10年の臨床家と11年から40年の臨床家の間には有意な差がみられませんでした。個人開業の臨床家より組織内で働く臨床家の方がストレスが高かったことが示されました。このFarberらの研究からおおよそ20年を経て行われた調査でも非常に似た結果がえられ（Kramen-Kahn & Hansen, 1998）、筆者が知る限りもっとも新しいStevanovic & Rupert（2004）でも同様の結果がえられたことは興味深い点です。

皆さんが心理職に就かれた理由は様々だと思います。悩みを抱えて生きづらさを感じているクライエントに寄り添い、問題の解決や成長の瞬間をともにすることが理由になっておられる方も多いのではないでしょうか。臨床心理士が臨床家という仕事に満足を感じており、その中心的な理由としては他者を援助する喜びとかかわっていたという調査結果（Norcross, Hedges, & Castle, 2002）はそのことを示していると思います。これに対して先ほどの調査を実施したFarber & Heifetz（1981）は「根深い問題に身動きが取れず、ただ立ちすくみ絶望感に打ちひしがれるクライエントを前にして援助者としての力を発揮できず無力感を味わうことになる」と述べ、臨床家が感じるストレスの大きさを取りあげ、適切な対処を行うことが重要であると指摘しています。またGuy（1987）は心理臨床という仕事にストレスや困難も多くあり、それらへの対処法を身につけることは、理論概念や介入技法を学ぶことと同様に重要であると述べています。

前置きが長くなってしまいましたが、我々心理職は援助場面でクライエントのストレスマネージメントを行うだけでなく、自身が臨床家として適切に機能するためには自分自身のストレスマネージメントを積極的に行う必要があるということです。そしてこの書籍のメインターゲットである若手心理職の方々は、先ほどの調査結果で触れたようにストレス度が高くなりやすい可能性があり、後述のストレスマネージメントの具体的な内容についても読んでいただきたいと思っています。神村（2012）は、ストレスマネージメントとは「本人自身によるストレスの調整と管理を促進させるための一連の技術」と定義した上で、ストレスを主体的、積極的にマネージすることの重要性を説いています。皆さんにおいても、これを機に主体的に臨床家としてのご自身のストレスをマネージするようにしてみましょう。

## ２　心理職だってセルフケアが大事

### （１）臨床家のセルフケア

それでは、心理臨床家が心理的健康と職業的機能を維持し、向上していくためにはどのような対処法があるのでしょうか。Barnett & Sarnel（2000）は、臨床家への調査を実施し、高い健康度や職業的にみて高い機能を維持するために実施していることをまとめています（表12－１）。またMcDonald（2017）は、カウンセラーのセルフケアには７つの視点が必要と述べています。すなわち、①食生活、②運動、③睡眠、④情緒、⑤スピリチュアル、⑥レクリエーション、⑦ソーシャルサポートです。これらを参考にしつつ、筆者が考える臨床家のセルフケアについて書いてみようと思います。

### （２）基本の「き」

セルフケアには２つの視点があると考えています。

①不快感をコントロールする視点

②快感をうみだす視点

**表12-1 セルフケア方策の例**

| |
|---|
| 1．自分の時間をとる |
| 2．楽しいことをする |
| 3．心理的にも身体的にも自分に注意を向ける |
| 4．断る |
| 5．孤立しない |
| 6．セルフケアは良いことだと心にとめておく |
| 7．境界や役割の侵入、酒や薬に頼ること、面接がキャンセルされるのを願うこと、集中力の減退、疲れなどの警戒信号に注意する |
| 8．心理的苦痛、バーンアウト、職業不全などが周囲の心理士にあるか注意する |
| 9．定期的に心理的状態を測定するチェックリストに回答し、必要に応じて援助を求める |
| 10. 予防に努める |
| 11. セルフケアの時間をとる |
| 12. 個人療法を求める |
| 13. 同僚からのピアサポートプログラムを利用する |
| 14. 自分が手助けを必要とする一人の人間であることを受け入れる |
| 15. 完璧を目指さない／自分の限界を知り、現実的になる |
| 16. バランスをとる |

出所：Barnett & Sarnel（2000）

①は睡眠や食事といった基本を正すことで気分や体調の改善をはかるものです。②は計画的に休息や息抜きを取り入れるということです。セルフケアといった際に①は浮かんできやすいのですが、②の視点が欠けてしまうことがあります。両方のバランスが大事です。

## （3）当たり前だけど睡眠と食事が大事

睡眠不足は気分不良につながるだけでなく、認知や健康全般にも影響します。やるべきことをやる、集中力を維持する、記憶するといった認知機能に影響を及ぼします。脳の管理人であるグリア細胞は、睡眠中にもっとも活発に働き、脳の老廃物を回収すると言われているので、睡眠を十分にとることが大切です。東畑（2019）は初心者の心理職に向けて睡眠の重要性について、「悪しき思考が頭の中でグルグルするときは寝るに限ります。時間が経つといろいろなことがはっきりするから、時間が過ぎるのを待つ。それが心の専門職である私たちの最終奥義ではないか」と説明しています。睡眠は基本であり、最終奥義でもある。筆者もまったくの同意見です。

食事は喜びの大きな源です。きちんとした食事をとることで一息つき、体をリラックスし、ポジティブな感情にもなれるのです。忙しい生活の中で、食事を思うように味わうことがままならなかったり、ダイエットをしようとして食事制限をすることもあると思います。食事をきちんと摂らなかったり、水分不足だったりすると、様々な不調があらわれるのは想像しやすいと思います。普段の食事を整えることを意識しましょう。

### （4）好きなことをする予定を立てよう

突然ですが、皆さんは好きなことをできていますか？好きなことを実行すること自体が心身に良い影響を与え、かつ予定に入れてしまうことで楽しみなことを想像したり、あれこれ考えたりすることでポジティブな気分になることができます。心理職の場合、平日は業務、土日は自己研鑽のための研修というスケジュールになっていることが多いように思います。心理職として研修を受けることはもちろん大事ですが、セルフケアの一環として好きなことをする予定も組み入れてみてはどうでしょうか。

アメリカの元大統領夫人ミシェル・オバマは、仕事の計画だけでなく、楽しみの計画について語り、心身の健康のためにどんなに多忙であっても時間をとって楽しみを計画することを説いています。超絶多忙なミシェル・オバマにできるのであれば、私たちにもできるはずです。さあ、早速行動にうつしてみましょう。

### （5）コンパッションを意識しよう

Neff（2003）は、中道やマインドフルネスといった仏教に根ざした考えに注目し、苦痛や心配を経験したときに、自分自身に対する思いやりの気持ちをもち、否定的経験を人間として共通のものとして認識し、苦痛に満ちた考えや感情をバランスがとれた状態にしておくことをセルフ・コンパッション（self-compassion）と定義し、様々な研究を行っています。「self=自分自身」と「compassion=慈悲、思いやり」を合わせた言葉です。つまり、自分自身の弱みや強みを認め、どんな状況下であってもありのままの自分を肯定的に受け入れることとされています。

セルフ・コンパッションは図12－１に示す３つの要素から構成されていると

- 自分へのやさしさ（self-kindness）
- 共通の人間性（common humanity）
- マインドフルネス（mindfulness）

図12-1 セルフ・コンパッションの三要素

出所：Neff（2016）

考えられています。

自分の強みや長所を受け入れ、自らを慈しむ「自分へのやさしさ」、失敗や困難の経験は誰にでもあるという肯定的な認識をする「共通の人間性」、心を今に向け慈悲と慈愛の気持ちを高める「マインドフルネス」です。

セルフ・コンパッションは良好な精神的健康との関連があり、メタ分析ではウェルビーイングとの間に中程度の効果量があることが示されています（Zessin, Dickhäuser, & Garbade, 2015）。また近年では、セルフ・コンパッションは医師（Babenko, Mosewich, Lee, & Koppula, 2019）や看護師（Montero-Marin, Zubiaga, Cereceda, Demarzo, Trenc, & Garcia-Campayo, 2016）、介護職（今北・仲嶺・佐藤、2018）といった様々な対人援助職のバーンアウト傾向を抑制することが示されてきており、これは心理職であっても同様の傾向があるのではないかと筆者は考えています。

セルフ・コンパッションには様々なワークが用意されています。ここではその一つを紹介させていただきます（図12－2）。自己批判する姿勢に多く○がついた方は、セルフ・コンパションの姿勢を例にして、自分自身に対する思いやりの気持ちをもち、否定的経験を人間として共通のものとして認識し、苦痛に満ちた考えや感情をバランスがとれた状態にしていくことを目指しましょう。「自分は心理職なのだから自分のことより他人のケアに関心をもたなければならない」「心理職が自分自身のストレスに悩むことは恥だ」という考えではなく、「心理職だって人間なのだからしんどいときもある。苦しいときは誰かから助けてもらおう」と自分自身を思いやってあげることが必要です。

水野・菅原・千島（2017）によると、セルフ・コンパッションが肯定的解釈を媒介してウェルビーイングに良好な影響を及ぼすことが示唆され、セルフ・コンパッションの高い人は困難な状況を普遍的なものと捉え、否定的な側面だけでなく、肯定的な側面に注意を向けることができると考察しています。セル

人生が順調なとき

次の表現の中から共感するものに○をつけましょう。人生がうまくいっているときに表れやすい姿勢です。

| 自己批判する姿勢の例 | セルフ・コンパッションの姿勢の例 |
|---|---|
| 私にはこんなに人生がうまくいく資格がない | 私にもみんなと同じように人生をうまくやる資格がある |
| そのうちに悪いことがおこるに違いない | 先のことはわからないけど、今うまくいっているのが嬉しい |
| うまくいったことは何かのまちがいだったといずれ見透かされるに違いない | 誰かが私を本当に理解したら、好きになってくれる |
| 自分がうまくいって喜んでいるのを誰かにみられたら、その人から嫌われてしまう | 私に嫉妬する人がいるとしたら、その人は自分の人生の中にある美しいものを認識する方法を学んでいないからだ |

人生がつらいとき

次の文章は、人生がうまくいっていないときに表れがちな姿勢です。そうだと思うものに○をしましょう。

| 自己批判する姿勢の例 | セルフ・コンパッションの姿勢の例 |
|---|---|
| 自分なんて苦しんで当然だ | 誰でも苦しむこともある。苦しいときは誰かから愛情と支えが必要だ |
| うまくいかないのは、自分がだめな人間だからだ | 人生で困難があっても、それをうまく利用すると学んで成長できる |
| 自分の能力が低くなければ、こんなことにはなっていなかった | どれほど立派な人でも、みんな苦しい体験をしている |
| 人生は苦しいばかりで希望などない | 人生に困難はつきもの。でも、見過ごしたくない美しいものもたくさんある |

図12-2　セルフ・コンパッションのワーク

出所：デズモンド（中島訳）(2018)

フ・コンパッションの姿勢は、エクササイズを通して身につけることが可能とされています。興味のある方は、ご自身で学習を深め、セルフケアに役立ててみるのもいいでしょう。

## 3　心理職同士のつながりで孤立しないようにする

### （1）スーパーバイザーには話しにくいこともある

Pearlman（1995）の調査結果では、セルフケアに役立つ割合がもっとも多かったのが、「同僚とケースについて検討した」、次に「ワークショップに参加した」、「家族や友人と過ごした」、「面接の合間に同僚と話した」という結果でした。一方、日本では臨床家のセルフケアについて多くは議論されておらず、その点についてはスーパービジョンが推奨されているように思います。しかし、近藤・宮下（2019）によると、心理職の9割近くがスーパービジョンの重要性を認識しながら、51.1%が受けていないという報告もあります。

### （2）仲間に話す機会を自分から作る

そこでお勧めしたいのが、「仲間に話す」というセルフケアです。臨床家が困難を感じたときに利用する仲間に話すことに関して、様々な臨床家が取り上げている内容について紹介します。

> 「そこでどうしてもうまく片付かない時は、仲間同士で話すことも結構助けになります。その意味でも仲間がいる人といない人でずいぶん上達が違うということもありますね。仲間やセラピーというのを分かっている人だったら、その人に『私こう言われて憎たらしくて腹が立ってしょうがない』と言っても、それは一過性の感情を処理するために言っているのだとわかるから『そうかそうか』と聴いてくれます。」（馬場、1999）

> 「厳しい上下関係や仲間意識がストレスの原因になり、既存グループからの支えを受けられないと感じる臨床家もいる。そのような場合、新たな仲間を集めて定期的に勉強会を開くこと、勉強会という堅い枠は設けずに話したいことを自由に語り合う場を作ることも重要である。気軽に自分の関心や懸念について話せる相手がいること、喜びや不安を共有することは、実践的なアドバイスを得ることを超えて、疲れを癒し、エネルギーを取り戻す大切な場となるだろう。」（岩壁、2005）

> 「患者との経験について聞いてくれる人を持つことである。患者から激

しい感情を向けられたり、投げ込まれたりしていると、気持ちが高揚したり、混乱したり、無気力に陥ったりする。それをある程度はき出す必要がある。批判せずに聞いてくれる人がいるとよい。（中略）スーパービジョンが評価という機能を含むと、あらいざらい打ち明けるというわけにもいかない場合がある。スーパーバイザー以外の仲間、同僚と患者に対する陰性感情も含めて自由に表出しあえるような関係があるとよい。」（成田、2003）

これらは、心理職のセルフケアとして、緩やかなつながりの中で負担となっている出来事について話し、共感、受容され、心理的に支えられている関係をもつことの重要性を指摘していると考えます。また成田（2003）が指摘しているように、仲間に話すことはスーパービジョンとは別の機能を担っており、心理職のセルフケアとして機能しているのだと思います。

### （3）新人研修会でつながりを作ってみる

皆さんの中には、ひとり職場で孤軍奮闘している方もいると思います。他職種と話すことはあっても心理職は自分一人なのでケースのことなど誰にも話せず、自身だけで問題を抱え孤立感を感じている方も多いのではないでしょうか。また職場の規則で外部のスーパービジョンを受けることができない場合もあり、問題を抱えてしまうこともあると思います。そんな若手心理職の方をどうにかできないだろうかという発想で始まったのが、当方が運営委員をつとめている大阪府臨床心理士会医療保健部会の新人研修会です。新人研修会では講師からのレクチャーに加えて参加者間で交流する時間を設けています。名刺交換から始まり、今日のレクチャーに関する感想、そして今の職場で困っていること、そして連絡先の交換と新人さん同士でつながりができるのを目の当たりにしました。そうです､同職種での連携です。つい先日も､新人の心理職交流会を行ったのですが、参加者の方々が自身の業務のことやちょっとした困り事をいきいきと周囲の参加者と話していて、とても盛況だったことを鮮明に覚えています。

坂本（2019）は、自分自身の経験を振り返り、困難に出くわした際に孤独になることはないと語り、その理由として職場の先輩や同僚、知り合いの心理職の存在をあげています。「先輩や知り合いには色々な話を聞いてもらった。仕事の話はもちろん、人生相談のような話題にも、ほど良い距離感で付き合ってくれる人たちがいた。一緒に食事を、たわいのない会話をたくさんした」と同職種連携が仕事を続けていく上で不可欠だったと述べています。

心理職であるからと言ってストレスや苦痛を受けないような特殊な耐性はなく、むしろストレスや苦痛を受けやすいので、そのストレスを自覚し日頃からセルフケアを実践することが大事だと筆者は考えています。今回セルフケアについてコンパッションや仲間に話すこと等をお伝えしましたが、これが万能というわけではありません。皆さんにおかれましては日頃から各々に合ったセルフケアを用意しておくことが重要だと思います。

◇Q＆A◇

**Q　職場が「ブラック」で辛いです…**

**A　大丈夫でしょうか…あなたの体調が心配です。**

当方も若手と言われる頃に同じような気持ちを抱いたことがあります。そのときの経験をもとに、当時の自分に今の自分がどんなアドバイスをするかという感じで回答させていただきます。

入職して３年くらいは、心理職としての業務をこなすことに加えて、各種雑用をしなければならなかったり、社会人としての教養を身に付けなければならなかったりと、業務量がとても多いと感じていたなと記憶しています。「これって心理の仕事なのかな」「自分がしたかった仕事ってこんな感じじゃなかった」という考えが日々浮かんできて、仕事をこなそうにもうまくこなせなかったということがさらに自分の負担を増やしていたのだろうなと思います。またこれは自分だけかもしれませんが、心理職の自分は自身のストレスマネージメントをうまくできて当然と周囲から見られているのではないかと考えてしまい、なかなかその状況を誰にも相談できずにいました。一種の恥のような気持ちがあったのだと思います。そんな状況に対して対応策を講じることもできずにいると、調子を崩すことは時間の問題でした。

ここからがアドバイスです。そのような状況であればおおよそ睡眠の質が悪くなっているでしょうから、まずは四の五の言わずに寝ましょう。自分がどうすれば眠れるかを思い出して、即実行しましょう。本章でも書きましたが、「悪しき思考が頭の中でグルグルするときは寝るに限ります。時間が経つといろいろなことがはっきりするから、時間が過ぎるのを待つ。それが心の専門職である私たちの最終奥義ではないか」（東畑、2019）まさにこれです。いつやるのか、今でしょ。そして、可能であれば積極的に自分の好きなものを食べてください。調子がよくなってから食べようではなく、調子が悪いときこそ食べるという行動を起こし、自分の認知や気分が変わるよう働きかけてみましょう。

そして、思い切って今の自分の状況を周囲の仲間（心理職）に伝えてみましょう。今の職場に心理職が複数人いるのであればその方々の誰かでもいいですし、職場の人に伝えにくい、一人職場という場合は大学院時代の仲間と連絡をとってみてもいいと思います。それこそ大阪府臨床心理士会医療保健部会が開催している新人研修会などに顔を出してみるのも一つの方法だと思います。一人で抱え込み、孤立しないようにしましょう。意外とみんな似たような境遇を経験しているはずです。恥ずかしいと思う必要はありません。心理職だって完璧に自分自身をコントロールできるわけではないですし、ストレスの多い心理職だからこそ適切に自分をケアする必要がある、自分自身のケアはそのままクライエントへの良質なケアにつながっていくと考えるようにしましょう。

今であれば当時の自分にこんな言葉をかけてあげると思います。どんな状況であっても、自分自身を思いやる気持ち（self-compassion）を忘れないようにしてあげてくださいね。

### 文献紹介

中野敬子（2016）．ストレス・マネジメント入門　第2版――自己診断と対処法を学ぶ　金剛出版

ストレスマネージメント全般を網羅的にわかりやすく説明してくれています。レジリエンスの視点や弁証法的行動療法、マインドフルネスについても解説されていて、いろいろな場面で活用できます。

竹田伸也（2014）．対人援助職に効くストレスマネジメント――ちょっとしたコツでココロを軽くする10のヒント　中央法規

対人援助職を対象に絞ったストレスマネージメントの実践方法について紹介されています。対人援助職のストレスについての説明は心理職にとって共感できるところが多く、読むだけでもストレスマネージメントになると思います。

### 引用文献

馬場禮子（1999）．精神分析的心理療法の実践――クライエントに出会う前に　岩崎学

術出版社

Babenko, O., Mosewich, A. D., Lee, A., & Koppula, S. (2019). Association of physician's self-compassion with work engagement, exhaustion, and professional life satisfaction. *Medical Sciences*, 7(2), 29. https://doi.org/10.3390/medsci7020029

Barnett, J. E., & Sarnel, D. (2000). No time for self-care? 42 Online. The online journal of Psychologists in Independent Practice, a division of the American Psychological Association. Available at http://www.division42.org/

デズモンド, T. 中島美鈴(訳)(2018). セルフコンパッションのやさしい実践ワークブック 星和書店

Farber, B. A., & Heifetz, L. J. (1981). The satisfactions and stresses of psychotherapeutic work: A factor analytic study. *Professional Psychology*, 12, 621–630.

Guy, J. D. (1987). *The personal life of the psychotherapist*. John Wiley & Sons.

Kramen-Kahn, K., & Hansen, N. D. (1998). Rating the rapids: Occupational hazards, rewards, and coping strategies of psychotherapists. *Professional Psychology: Research and Practice*, 29, 130-134.

今北哲平・仲嶺実甫子・佐藤寛(2018). 介護職におけるセルフ・コンパッション, コーピング, バーンアウトの関連 心理学研究, 89, 449–458.

岩壁茂(2005). 専門家としての成長・発展とは何か? 臨床心理学, 15(6), 695–699.

神村栄一(2012). ストレスマネジメントと臨床心理学 臨床心理学, 12(6), 763–770.

近藤孝司・宮下敏恵(2019). 臨床心理専門職におけるバーンアウト傾向と職業的ストレスを規定する要因に関する探索的研究 上越教育大学研究紀要, 39(1), 103–114.

McDonald, C. (2017). *Self-care for the counselor: A holistic guild for helping professionals*. Amazon Services International.

水野雅之・菅原大地・千島雄太(2017). セルフ・コンパッションおよび自尊感情とウェルビーイングの関連——コーピングを媒介変数として 感情心理学研究, 24(3), 112–118.

Montero-Marin, J., Zubiaga, F., Cereceda, M., Demarzo, M. M. P., Trenc, P., & Garcia-Campayo, J. (2016). Burnout subtypes and absence of self-compassion in primary healthcare professionals: A cross-sectional study. *PLOS ONE*, 11(6), e0157499. https://doi.org/10.1371/journal.pone.0157499

成田善弘(2003). 精神療法家の仕事 金剛出版

Neff, K. D. (2003). Self-compassion: An alternative conceptualization of a healthy attitude toward oneself. *Self and Identity*, 2, 85-101.

Neff, K. D. (2016). The Self-Compassion Scale is a valid and theoretically coherent measure of self-compassion. *Mindfulness*, 7, 264-274.

日本臨床心理士資格認定協会ホームページ　臨床心理士の職業倫理　http://fjcbcp.or.jp/rinshou/rinri/（2023 年 8 月 10 日閲覧）

Norcross, J.C., Hedges, M., & Castle, P. H. (2002). Psychologists conducting psychotherapy in 2001: A study of the Division 29 membership. *Psychotherapy: Theory, Research, Practice, Training*, 39(1), 97-102.

Pearlman, L. A. (1995). Self-care for trauma therapists: Ameliorating vicarious traumatization. In B. H. Stamm(Ed.), *Secondary traumatic stress: Self-care issues for clinicians, researchers, & educators*. Sidran Press.（小西聖子・金田ユリ子（訳）(2003). 二次的外傷性ストレス――臨床家、研究者、教育者のためのセルフケアの問題　誠信書房　pp. 51-64.）

坂本由佳（2019）. 問題を抱えすぎた結果……――バーンアウトの危機と脱出　臨床心理学, 19(3), 288-291.

Stevanovic, P., & Rupert, P. A. (2004). Career-sustaining behaviors,satisfactions, and stresses of professional psychologists. *Psychotherapy: Theory, Research, Practice, Training*, 41, 301-309.

東畑開人（2019）. ケースが中断したばかりで傷ついている初心者のための十か条　臨床心理学, 19(3), 265-268.

Zessin, U., Dickhäuser, O., & Garbade, S. (2015). The relationship between self-compassion and wellbeing: A meta-analysis. *Applied Psychology: Health and Well-Being*, 7, 340-364.

# 索　引

## た　行



## な　行

編者紹介

**大阪府臨床心理士会医療保健部会**

主に大阪府内の医療・保健機関で働く臨床心理士が所属している部会。10年ほど前から続く新人研修会は、「技法よりも、まずは作法」というコンセプトで開催されており、先輩心理職の豊富な経験と失敗エピソードから学ぶ機会を提供し、「臨床知」の共有を目指している。大学・大学院などの心理職養成課程で習得した様々なテクニカル・スキルをどのようにすれば臨床で発揮することができるのかを追求しており、毎年、府内外から多くの心理職が参加している。

執筆者紹介

**川端康雄**（かわばた　やすお）はじめに・第１章・第２章・第４章

大阪医科薬科大学神経精神医学教室 主任／大阪府臨床心理士会 副会長　臨床心理士・公認心理師

**上島奈菜子**（うえしま　ななこ）はじめに・第３章

駒澤大学文学部心理学科 講師　臨床心理士・公認心理師

**藤田　雄**（ふじた　ゆう）はじめに・第７章

京都府立医科大学大学院医学研究科精神機能病態学／藍野病院 臨床心理士・公認心理師／元・大阪府臨床心理士会 理事

**花輪祐司**（はなわ　ゆうじ）はじめに・第５章

医療法人清心会八尾こころのホスピタル心理室 主任／大阪府臨床心理士会 常任理事　臨床心理士・公認心理師

**吉川征延**（よしかわ　まさのぶ）はじめに・第１章・第２章

医療法人杏和会阪南病院診療部心理室 課長／堺市発達障害者支援センター 所長／大阪府臨床心理士会 理事　臨床心理士・公認心理師

**巣黒慎太郎**（すぐろ　しんたろう）第４章

神戸女子大学心理学部心理学科 准教授／神戸女子大学臨床心理センター センター長　臨床心理士・公認心理師

**吉岡千波**（よしおか　ちなみ）第６章

公益財団法人田附興風会医学研究所北野病院神経精神科 臨床心理士・公認心理師 係長／元・大阪府臨床心理士会 事務局長

**岸本和子**（きしもと　かずこ）第８章

医療法人西浦会京阪病院 臨床心理士・公認心理師／元・大阪府臨床心理士会 常任理事

**梨谷竜也**（なしたに　たつや）第９章

社会医療法人ペガサス馬場記念病院臨床心理センター センター長／大阪府臨床心理士会 会長　臨床心理士・公認心理師

**吉村幸恵**（よしむら　ゆきえ）第10章

社会医療法人生長会ベルランド総合病院臨床心理室 臨床心理士・公認心理師

**代田沙緒里**（しろた　さおり）第11章

神戸女子大学心理学部心理学科 助手　臨床心理士・公認心理師

**平野　徹**（ひらの　とおる）第12章

社会医療法人ペガサス馬場記念病院臨床心理センター 副センター長／大阪府臨床心理士会 理事　臨床心理士・公認心理師

**秦　英恵**（はだ　ふさえ）コラム

元・柏原市福祉こども部こども家庭安心課子ども家庭総合支援拠点 虐待対応専門員 臨床心理士・公認心理師

**溝口前子**（みぞぐち　さきこ）コラム

中村メンタルクリニック 臨床心理士・公認心理師

**中　亮介**（なか　りょうすけ）コラム

一般財団法人住友病院臨床心理科 臨床心理士・公認心理師／大阪府臨床心理士会 理事

**藤原明美**（ふじわら　あけみ）コラム

医療法人適水会つつみクリニック 臨床心理士・公認心理師

**西尾悠佑**（にしお　ゆうすけ）コラム

医療法人杏和会阪南病院診療部心理室 臨床心理士・公認心理師

**田口真由美**（たぐち　まゆみ）コラム

大阪大学医学部附属病院 臨床心理士・公認心理師

# 養成《ようせい》課程《かてい》では学《まな》べなかった心理職《しんりしょく》の仕事《しごと》

## 医療分野《いりょうぶんや》で働《はたら》く先輩《せんぱい》たちが伝《つた》えたい大切《たいせつ》なこと


2024 年 2 月 10 日　第 1 版第 1 刷発行

〈編　者〉　大阪府臨床心理士会医療保健部会

〈発行者〉　矢部敬一

〈発行所〉　株式会社 創元社

本　社　〒 541-0047　大阪市中央区淡路町 4-3-6

電　話　06-6231-9010(代)

ＦＡＸ　06-6233-3111(代)

東京支店　〒 101-0051　東京都千代田区神田神保町 1-2 田辺ビル

電　話　03-6811-0662(代)

https://www.sogensha.co.jp/

〈印刷所〉　株式会社 太洋社

装幀・本文組　野田和浩





ISBN978-4-422-11825-3　C3011